浙江省中等职业教育示范校建设课程改革创新教材

电子商务网站建设与管理

张红梁　吴笑航　主编

科学出版社

北　京

内 容 简 介

本书系统介绍电子商务网站的规划设计、建站流程、基本建站技术及网站管理和推广方式等内容。

为了提高学生的学习兴趣，本书采用图文并茂的形式，遵循“理论够用，注重应用”的原则，以建站流程为讲解主线，以培养技能为核心，帮助学生快速掌握开发电子商务网站的流程和方法。

本书适用于中等职业学校电子商务专业、计算机相关专业的学生，同时也可以供从事电子商务网站设计和开发的技术人员参考使用。

图书在版编目（CIP）数据

电子商务网站建设与管理/张红梁，吴笑航主编. —北京：科学出版社，2020.10

（浙江省中等职业教育示范校建设课程改革创新教材）

ISBN 978-7-03-066301-6

Ⅰ. ①电… Ⅱ. ①张… ②吴… Ⅲ. ①电子商务-网站建设-中等专业学校-教材 Ⅳ. ①F713.361.2 ②TP393.092.1

中国版本图书馆 CIP 数据核字（2020）第 189865 号

责任编辑：韩 东 赵玉莲 / 责任校对：王万红

责任印制：吕春珉 / 封面设计：东方人华平面设计部

科学出版社出版

北京东黄城根北街 16 号

邮政编码：100717

http://www.sciencep.com

三河市骏杰印刷有限公司印刷

科学出版社发行 各地新华书店经销

*

2020 年 10 月第 一 版 开本：787×1092 1/16

2020 年 10 月第一次印刷 印张：8 3/4

字数：203 000

定价：28.00 元

（如有印装质量问题，我社负责调换〈骏杰〉）

销售部电话 010-62136230 编辑部电话 010-62135927-1028

前言

随着互联网的发展与普及，电子商务已经渗透到了各行各业。电子商务网站常被作为企业的窗口，不仅可以实现产品的展示和企业形象的宣传，而且通过网站的在线交易，可以降低企业经营过程中的成本，拓宽发展空间，提高企业内部的生产、服务和管理水平。“电子商务网站建设与管理”是电子商务专业的核心课程，通过这门课程的学习，学生可掌握如何规划设计网站、建设与管理网站、运营与推广网店等相关知识和技能，从而为今后在各类企业单位从事相关电子商务网站的构建、管理等工作奠定坚实的基础。

本书共分为 7 章，主要包括网站规划设计、网站建设、网站管理和推广 3 个方面。

网站规划设计，包括第 1 章和第 2 章，主要介绍电子商务网站的基本概念、电子商务网站的功能、电子商务网站的基本构成要素，以及电子商务网站的布局规划和结构设计。

网站建设，包括第 3～5 章，主要介绍电子商务网站注册与备案流程、发布技术、网站建设、软件平台、利用 Dreamweaver 设计网页的基本操作，以及所涉及的相关数据库知识。

网站管理和推广，包括第 6 章和第 7 章，主要介绍电子商务网站的运行与安全管理、电子商务网站推广的一般方式，以及网站 SEO 优化技术等内容。

这里要强调一点，对于书中的知识点和技能点，学生一定要亲自上机实践，这样才能发现问题、解决问题，才能取得较好的学习效果。

本书考虑了中等职业学校学生的学习特点和就业需要，基于“理论够用”的原则精简知识点，对重要的知识点，力求多配图和例题加以详细介绍。

在编写本书的过程中，编者参考了大量的相关资料，吸取了许多同行的宝贵经验，在此表示诚挚的感谢。

由于编者水平有限，书中难免有疏漏及不足之处，恳请广大读者朋友批评指正。

目 录

第 1 章

电子商务网站概述

知识目标

1）了解电子商务网站的基本概念和作用。
2）掌握电子商务网站的分类及构成要素。
3）了解电子商务网站的建设工具。

能力目标

具备分析一个电子商务网站所属类型的能力。

电子商务是未来商务交易的主要运营方式，电子商务的实施与运作依赖于电子商务系统，电子商务网站则是电子商务系统工作和运行的主要承担者和表现者，是网上的“虚拟公司”或“虚拟工厂”。构建电子商务网站是通向电子商务的重要一步。

1.1 走进电子商务网站

1.1.1 电子商务网站的定义

电子商务是未来经济发展的大趋势，目标是实现交易信息的网络化和电子化，如使用电子货币、开网上商店、进行网上商务谈判和使用电子签名签合同等。企业通常都会加入网上的某个行业协会网站或商业网站中，成为会员。在行业协会网站或商业网站上发布供求信息，以获取有关政策和市场信息，享受相关服务。

在电子商务时代，一家企业要取得持续的成功，就应该积极建设自己的商业网站，通过网站开展商务活动，拓展与客户的商业联系，积极开展电子商务和网络营销，提高企业经济效益，改善企业形象。那么什么是电子商务网站呢？

电子商务网站是企业构架在 Internet 上的一个门户，是企业电子商务系统的一个重要组成部分，也是企业开展电子商务活动的基本手段，企业通过电子商务网站为合作伙伴、客户、采购商、供应商提供了一个相互之间进行信息交流、沟通的平台；提供了一个访问企业各种资源的统一的平台。简单地讲，电子商务网站是企业开展电子商务的基础设施和信息平台，是实施电子商务的公司与用户之间或商家服务对象之间的交互界面，是电子商务系统运转的承担者和表现者。

电子商务网站在软件、硬件基础设施的支持下，通过 Internet 与用户相连接，为用户提供网页服务、数据传输服务、数据库服务等多种服务。电子商务网站可以没有自己独立的服务器，但是一般拥有固定的域名。

小 知 识

第 45 次《中国互联网络发展状况统计报告》

截至 2020 年 3 月，我国网民规模达 9.04 亿，较 2018 年底增长 7508 万，互联网普及率达 64.5%，较 2018 年底提升 4.9 个百分点。庞大的网民构成了中国蓬勃发展的消费市场，也为数字经济发展打下了坚实的用户基础。当前，数字经济已成为经济增长的新动能，新业态、新模式层出不穷。2019 年，我国已建成全球最大规模光纤和移动通信网络，行政村通光纤和通 4G 比例均超过 98%，固定互联网宽带用户接入超过 4.5 亿户。同时，围绕高技术产业、科研创新、智慧城市等相关的新型基础设施建设不断加快，进一步加速新技术的产业应用，并催生新的产业形态，扩大了新供给，推动形成新的经济模式，将有力推动区域经济发展质量提升和产业结构优化升级。截至 2020 年 3 月，我国网络购物用户规模达 7.10 亿，2019 年交易规模达 10.63 万亿元，同比增长 16.5%。数字贸易不断开辟外贸发展的新空间，2019 年，通过海关跨境电子商务管理平台零售进出口商品总额达 1862.1

亿元，增长了 38.3%。数字企业通过商业模式创新、加快数字技术应用、不断提升供应链数字化水平，为产业转型升级提供了重要支撑。

截至 2020 年 3 月，我国在线教育用户规模达 4.23 亿，较 2018 年底增长 110.2%，占网民整体的 46.8%。2020 年初，全国大中小学校推迟开学，2.65 亿在校生普遍转向线上课程，用户需求得到充分释放，在线教育应用呈现爆发式增长态势。

1.1.2　电子商务网站的基本功能

电子商务网站的基本功能包括如下几个方面。

1）企业产品和服务项目展示。这是一个非常重要的基本功能。

2）商品和服务订购。它包括交易磋商、在线预订商品、网上购物或取得网上服务的业务功能。

3）网上支付。通过银行电子支付系统实现支付功能。

4）网络客户服务。将部分或全部传统客户服务功能迁移到网上进行，同时根据网络特点开发新的服务功能。

5）发布商业信息。它包括新闻的动态更新、新闻的检索、热点问题追踪、行业信息、提供信息、需求信息的发布等。

6）客户信息管理。这是反映网站主体能否以客户为中心、能否充分地利用客户信息挖掘市场潜力的有重要利用价值的功能。

7）客户实时互动。通过聊天室、企业社区、电子邮件等工具，与客户实时地交流信息。

8）销售业务信息管理。其用于使企业及时地接收、处理、传递与利用相关的销售业务信息资料，并使这些信息有序和有效地流动起来。

电子商务网站为商家与客户之间的沟通提供了新的方式和渠道，使电子商务具有更旺盛的生命力。电子商务网站的交互性，使商家能够为客户提供一对一的个性化服务，这使电子商务比传统商务活动更具吸引力。企业通过网站可以了解市场需求和客户信息，加快信息的传递，缩短商品流通的周期，为客户提供个性化服务。网站的可信度对用户是否愿意提供个人信息有很大的影响，尤其对于电子商务网站，需要在获取用户个人信息的基础上才能提供个性化服务，因此可信度也是评价一个网站专业性水平不可或缺的基本指标。网站消除了提供产品和服务的厂商与最终客户之间的距离，使厂商的服务更贴近每个客户。现代顾客需要的是个性化服务，网站服务系统为顾客提供了全新的工具，这些工具具有先进的功能，即全天候、即时、互动、了解信息、释疑解难等。所以，越来越多的企业把电子商务网站整合到营销计划中，使顾客服务成为电子商务必不可少的环节之一。

1.2 电子商务网站的分类和构成要素

1.2.1 电子商务网站的分类

按照不同的分类方法，可以将电子商务网站分为不同的类型。

1. 按照商务目的和业务功能分类

按照商务目的和业务功能分类，电子商务网站可以分为基本型电子商务网站、宣传型电子商务网站、客户服务型电子商务网站和完全电子商务运作型网站。

（1）基本型电子商务网站

这种电子商务网站主要针对小型企业，以及希望尝试电子商务的大、中型企业。其目的是在 Internet 上宣传企业的基本情况，特点是网站构建价格低廉，具有基本的电子商务网站功能。这种类型的电子商务网站多采用虚拟主机的网站实施方式。

（2）宣传型电子商务网站

这种类型的电子商务网站是在 Internet 上发布公司简介、新产品信息、产品说明、公司服务、招聘人才等多方面信息的简洁型网站，是企业在网络空间中的电子名片。这种网站适合各种企业，特别是对于已经有销售业务或想开拓销售业务的企业。其特点是具备基本的电子商务网站功能，突出企业的宣传效果。

（3）客户服务型电子商务网站

建设这种类型的电子商务网站的目的是通过宣传企业形象、产品或服务，实现与客户实时沟通及为产品或服务提供技术支持，从而降低成本、提高工作效率的目标。这种类型的网站适用于各类企业，尤其适合频繁升级产品或服务的企业，如杀毒软件提供商。其特点是以企业宣传和客户服务为主要功能。

（4）完全电子商务运作型网站

这种类型的电子商务网站通过产品展示来系统发布产品的规格、型号、功能等产品信息，不仅可以实现对产品的宣传和销售，同时还可以按企业的各种需求实现个性化的网上营销、形象宣传等多方面的商务功能，使企业网站从简单的网上橱窗发展成为网上交易柜台、网上交易市场。这种网站一般具有会员管理系统，通过会员管理系统可以对客户进行分类管理，让不同的用户浏览到不同的页面，并提供不同级别的服务。这类网站还具备网上订购系统、网上招聘系统、企业论坛系统等功能，能够为企业直接创造利润，提高企业的核心竞争力，适合各类实力较强的企业。其特点是具有完备的电子商务功能，突出公司宣传、客户服务等电子商务功能。

2. 按照构建网站的主体分类

按照构建网站的主体分类，电子商务网站可以划分为行业电子商务网站、企业电子商务网站、政府电子商务网站和服务机构电子商务网站等。

（1）行业电子商务网站

行业电子商务网站是指以行业机构为主体建立的大型电子商务网站，建立的目的是为本行业内的企业和部门进行电子商务（包括信息发布、商品采购、客户交流等）活动提供一个平台。一般而言，每个行业只能存在 2～3 家行业网站。

（2）企业电子商务网站

企业电子商务网站是指以企业为主体构建的进行电子商务活动的网站，根据企业生产的主导产品和提供的主要服务的不同可以进一步分类。

（3）政府电子商务网站

政府电子商务网站是指以政府机构为主体构建的进行电子商务活动的网站，这种类型的电子商务网站在国际化商务交流中的作用非常明显，为政府税收和政府公共服务提供了网络化交流的平台。

（4）服务机构电子商务网站

服务机构电子商务网站是指以服务机构为主体构建的进行电子商务活动的网站，包括商务服务机构的电子商务网站、金融服务机构的电子商务网站、邮政通信服务机构的电子商务网站、家政服务机构的电子商务网站、休闲娱乐服务机构的电子商务网站。

3. 按照电子商务网站开办者分类

按照电子商务网站开办者分类，电子商务网站可以分为流通型电子商务网站和生产型电子商务网站。

（1）流通型电子商务网站

这种类型的网站是由流通企业建设的。流通型电子商务网站是电子商务网站的主要存在形式。这种网站一般有关于销售产品的介绍，便于顾客更好地了解产品的性能、用途及服务，从而促使顾客购买。这种网站着重于对产品和服务的全面介绍，较好地展示产品的外观和功能，网站页面大多制作精美、动感十足，很容易吸引浏览者，有较好的广告效应，达到为产品和服务促销的效果。这种类型的网站一般充分利用了网络的优越性，在网站中直接提供了购物车订货系统，为顾客提供了最大的购物便利。虽然网站中的商品品种较多，使浏览有些不便，但是网站一般会提供产品的查询服务，方便顾客查找所需要的产品，这也是流通型电子商务网站的一大特色。

（2）生产型电子商务网站

这种类型的网站由生产产品或提供服务的企业建设，建设目的定位于自身产品或服务的宣传、推广上，同时要求网站能够与企业自身特色一脉相承。在网站建设过程中应该以企业自身文化来指引网站建设，将网站融入企业，所以在生产型电子商务网站的建设过程中量身定做非常关键。

在当今社会，网络已经成为人们获取信息、进行沟通的重要渠道。在网站建设过程中应该增加包括产品在线订购、客户留言反馈、在线实时沟通、在线会议、视频点播等功能的互动模块。网站直接提供便利的服务手段，这样不仅能通过网站来拉近企业与客户之间的距离，更重要的是能为企业挖掘潜在客户。现在，一些生产厂商正逐渐地越过批发商和零售商等中间媒介，直接向消费者提供产品，供应链关系逐渐向无中介形式发展。虽然这一类型的站点绝大多数销售的是有形产品，但同样也可用来提供服务类的产品。生产型电子商务网站为这种发展趋势提供了一个理想的平台。

4. 按照产品线的广度和深度分类

这种划分方法主要针对 B2B 电子商务模式。按照产品线的广度和深度不同，B2B 电子商务模式网站可以分为垂直型电子商务网站、水平型电子商务网站、专门电子商务网站和公司网站 4 种类型。

（1）垂直型电子商务网站

如果一个电子商务网站整合了某一产品的不同生产商、批发商、零售商的商务行为，是直接面对客户的单一体系的交易平台，那么这个网站就称为垂直型电子商务网站。垂直型电子商务网站适合经济实力和技术实力相对较弱的行业网站，但是这类网站可以针对一个行业做深、做透，如建设一个纽扣网站，也会获得较好的生存机会。这类网站无疑在专业上更具权威，在商品和用户群上更加精确，其缺点则是受众过窄、营业额难以突破。

（2）水平型电子商务网站

水平型电子商务网站是指能提供每一类产品的网上经营的网站，这类网站类似于网上购物中心或网上超市，其优势在于产品线的宽度，在这类网站上，顾客不仅可以买到自己所能接受的价格水平的商品，而且可以很容易实现“货比三家”。由于该类网站充当的是中间商的角色，在产品价格方面处于不利地位。一些经济实力和技术实力比较强的行业网站，将可能围绕自己这个行业建设一个行业水平型电子商务网站。

水平型电子商务网站在品牌知名度、用户数、跨行业、技术研发等方面具有垂直型电子商务网站难以企及的优势。其不足之处在于用户虽多但不一定是企业想要的用户，在用户精准度、行业服务深度、盈利模式上有所不足。

（3）专门电子商务网站

专门电子商务网站是指能提供某一类品牌知名度高的产品的网站。这类网站类似于网上专卖店，其优势在于提供质优价廉的产品。该类网站除直接面对消费者外，也面对垂直型和水平型网站的供应商。对于这类网站而言，提供品质优良、价格合理、品牌知名度高的产品比网站本身的维护更重要。

（4）公司网站

公司网站是指以销售本公司生产的产品或提供的服务为主的网站，相当于企业的“网上店铺”，除了少数品牌知名度极高和市场份额很大的公司外，这类网站的发展空间比较有限。公司网站的一个出路在于向其他类型的电子商务网站方向发展，从产品的形态看，金融服务、旅游、传媒、证券等行业在开展电子商务方面拥有比较明显的优势，因为这些行业的共同特点是产品无形化，不存在实物的流动，不需要物流配送体系作为支撑，所以特别适合在 Internet 上开展业务。

5. 按照经营商务业务范畴分类

按照经营商务业务范畴分类，电子商务网站可以分为支持交易前的电子商务网站、支持交易中的电子商务网站、支持交易后的电子商务网站。

（1）支持交易前的电子商务网站

这类网站的规模较小，属于初级电子商务网站。构成该类网站的往往只是一些静态的页面，其版面和功能设计一般比较简单。它们多数没有自己的服务器，而是租用其他公司或 ISP（Internet service provider，因特网服务提供者）服务商的服务器。在企业主页上通常只介绍一些企业或公司的信息，发布一些商品供求信息，仅提供联系方式，在网上不做交易，类似于广告发布。初级电子商务网站的特点是用户与网站的交互是单向的，用户只能通过访问企业查询有关的信息，投资成本低、易操作。

（2）支持交易中的电子商务网站

这类网站属于中级电子商务网站，能够完成商务贸易和票据交易。这类网站的主页面是一种静态和动态混合的交互式页面，版面和功能设计比初级电子商务网站复杂、美观，并且拥有自己企业的服务器。中级电子商务网站的特点是企业实施电子商务的程度有所加深，需要不同程度的人工干预，如在线销售环节与产品供应不能有效衔接，仍需要部分传统方式的操作。

（3）支持交易后的电子商务网站

这类网站属于高级电子商务网站。它能够在网上完成接受订单、物流配送和网上资金结算等整个交易全过程，是电子商务发展的理想阶段。高级电子商务网站的特点是以客户为中心，可以最大限度地提高用户的满意度和忠诚度，从而提高企业的核心竞争力，使企业在激烈的竞争中处于有利的地位。

此外，按照电子商务模式划分，电子商务网站可以分为 B2B 商务网站、B2C 商务网站、C2C 商务网站等。因此，企业可以依据其业务职能、自身实力、战略目标和所处区域的商务环境等，制订自己的电子商务发展战略，进而构建适合其发展的电子商务网站基本功能。

1.2.2　电子商务网站的构成要素

电子商务网站的构成要素依据网站类型和规模的不同而略有差异。一般情况下，企业，特别是中小企业在建立电子商务网站时，并不一定要构建网络基础设施，可以借助 ISP 提供服务器搭建自己的网站运行平台。

从本质上讲，电子商务网站的构建与一般网站并没有太大的差别，也需要申请域名、申请网站空间、制作网页与维护管理等流程，但作为企业在 Internet 上建立的门户网站，应突出电子商务特色和功能。因此，电子商务网站通常由前台网页和后台数据库等组成。前台网页可以接受客户的浏览、注册和登录，后台数据库可记录客户的有关资料。具体来讲，电子商务网站主要由以下几个部分组成。

1. 网站域名

域名是企业、机构或个人在域名注册商上注册的名称，是 Internet 上企业或机构间相互联络的网络地址。域名必须向 ISP 申请。国内有许多网站接受域名申请，只有获得批准后的域名才是合法的域名。

2. 网站物理地点

网站物理地点即网站空间，是存放网站的磁盘空间，由专门的服务器或租用的虚拟主机承担。

3. 网页

每个网站都由许多网页文件组成。网页文件，即网站的源文件，网页之间以超链接相关联。电子商务网站的网页一般分为前台与后台两种，前台页面提供客户注册登录及商品分类，如同进入一家大的商店，让客户能够迅速找到想要的商品进行购物；后台页面则包括了管理员的维护工作，如商品的添加等。

4. 货款结算

一般情况下，客户通过购物车选购商品，然后进行结算，确定付款方式、送货地点和时间等。

5. 客户资料管理

管理已注册客户的姓名、通信地址、电话和电子邮件地址等详细信息。

6. 商品数据库管理

及时盘点商品，做好商品配货和商品配送工作。

以上只是电子商务网站的基本构成要素。随着网站经营的商品和经营规模的变化，其构成要素也在发生着变化。

1.3 电子商务网站的建设工具

1.3.1 网站建设工具

“工欲善其事，必先利其器。”电子商务网站的建设是一个复杂的过程，需要用到大量的工具，因此选择一个好的工具会使工作效率事半功倍。本节只进行简要的介绍，对于一些主要的工具将在后面章节进行详细学习，而有些工具则需要自己查找相关资料学习。

1. HTML

HTML（hyper text markup language，超文本标记语言）是学习网页制作的基础，有关内容将在第 4 章详细介绍。

2. 网站前台开发工具

（1）网页编辑工具

Dreamweaver 是一个“所见即所得”的可视化网站开发工具。利用 Dreamweaver 可以很方便地管理 Web 站点，迅速完成页面设计。网页的编辑包括布局设计和代码编辑两种视图。在代码视图下，HTML、CSS（cascading style sheet，层叠样式表）及 ASP（active server pages，活动服务器页面）程序代码等都可以在 Dreamweaver 中完成。在设计视图下进行网页排版布局，可智能地生成前台网页代码。与“记事本”等编辑器相比，网页制作人员可以节省不少宝贵的时间，大大提高工作效率。与该软件功能类似的还有微软公司的 FrontPage。

（2）图片处理工具

任何一个好的网站都离不开图片的修饰与点缀。在网页设计中，Adobe Photoshop 不仅是必不可少的一种图像处理软件，而且通过它还可以设计页面布局、完成切片和图片优化工作。例如，网站效果图通常都用 Photoshop 来制作和美化。与该软件功能类似的还有 Fireworks，它以处理网页图片为特长，可以轻松创作 GIF（graphic interchange format，可交换图像数据格式）动画。

（3）动画工具

网页动画是网页中经常出现的元素，它可以美化网页，使网页产生绚丽多彩的动感效果。Flash 是专门用来设计和制作交互式网页动画的工具软件，可以将音乐、图像和视频等媒体元素集成到一起实现酷炫的效果。Flash 的应用也有一定的弊端，即它的内容不能被搜索引擎很好地抓取，甚至不予识别。Dreamweaver、Fireworks 和 Flash 三个软件合在一起，经常被称为网页制作“三剑客”，这三个软件相辅相成，可谓是制作网页的最佳搭档。

3. 网站后台开发工具

网站后台开发，主要是指动态程序开发。所使用的开发技术除了早期的 CGI（common gateway interface，通用网关接口）外，目前主流的动态网页开发技术有 ASP、PHP（hypertext preprocessor，超文本预处理器）、JSP（Java server pages，Java 服务器页面）、ASP.NET 等。本书将以 ASP 和 VBScript 脚本语言作为主要开发工具。

动态网页开发技术主要有以下 4 种。

（1）ASP

ASP 是微软公司开发的一种类似 HTML、Script 脚本与 CGI 的结合体。ASP 没有提供自己专门的编程语言，而是允许用户使用许多已有的脚本语言编写 ASP 的应用程序。ASP 在 Web 服务器端运行，运行后再将运行结果以 HTML 格式传送至客户端的浏览器。通过使用 ASP 的组件和对象技术，用户可以直接存取数据库、使用 ActiveX 控件、调用对象方法和属性，以简单的方式实现强大的交互功能。

ASP 技术基本上是局限于微软的操作系统平台之上，主要工作环境为微软的 IIS（Internet information server，Internet 信息服务）应用程序结构，因此不能很容易地实现在跨平台 Web 服务器上工作，一般适合一些中小型站点。

（2）PHP

其语法借鉴了 C、Java、Perl 等语言，但只需要很少的编程知识就能使用 PHP 建立一个真正交互的 Web 站点。它与 HTML 语言具有非常好的兼容性，使用者可以直接在脚本代码中加入 HTML 标签，或者在 HTML 标签中加入脚本代码，从而更好地实现页面控制。PHP 提供了标准的数据库接口，数据库连接方便、兼容性强、扩展性强，可以进行面向对象编程。

（3）JSP

JSP 是 Sun Microsystems（已被甲骨文公司收购）公司于 1999 年 6 月推出的新技术，是一种基于 Java Servlet 及整个 Java 体系的 Web 开发技术。JSP 与 ASP 非常相似，但嵌入 HTML 页面的执行代码不是 VBScript 之类的脚本，而是 Java 代码，这是二者最明显的区别。此外，JSP 与 ASP 还有一个更为本质的区别：两种语言引擎用完全不同的方式处理页面中嵌入的程序代码。在 ASP 下，VBScript 代码被 ASP 引擎解释执行；在 JSP 下，代码被编译成 Servlet 并由 Java 虚拟机执行，这种编译操作仅在对 JSP 页面的第一次请求时发生。

（4）ASP.NET

ASP.NET 是微软公司在 ASP 的基础上推出的动态网页设计语言。与 ASP 相比，不是简单升级，而是微软公司提出的.NET 框架的一部分，它是一种以.NET 框架为基础开发网上应用程序的全新模式。

以上技术在制作动态网站上各有优势。相比而言，ASP 简单易学、安装使用方便。如果操作系统使用了 Windows 2000/XP/2003 或 Windows 7，这时只要安装了 IIS，就可以使用 ASP 了。如果操作系统使用了 Linux，可以选择使用 PHP 技术。如果特别注重跨平台、执行速度和安全性等因素，JSP 技术则是最好的选择。ASP.NET 引入了面向对象的设计，并通过运行编译代码来提高执行效率，有更为庞大的新控件群及基于 XML（extensible markup language，可扩展标记语言）的组件，更适合书写大型商业应用站点。

4. 脚本语言

脚本语言编写的程序不能独立运行，必须嵌入 HTML 中才能运行。为了完善和增加网页的功能，经常需要在网页文档中添加一些脚本代码，以增强网页的功能。目前，比较流行的脚本语言是 VBScript 和 JavaScript。

脚本程序分为客户端脚本和服务器端脚本。

1）客户端脚本：脚本程序可以在客户端直接被浏览器解释执行，客户端脚本是直接嵌入 HTML 文档中的，浏览器可以理解其中的语句，并能在网页下载后对这些语句进行解析执行。客户端的脚本程序通常采用 JavaScript。

2）服务器端脚本：脚本程序是在 Web 服务器上由相应的脚本引擎来解释执行的，生成的 HTML 页面由 Web 服务器负责发送到浏览器。服务器端脚本程序通常采用 VBScript。

5. 数据库

电子商务网站都需要后台数据库的支持，有关数据库的内容将在以后学习，这里不再介绍。

6. FTP 工具

FTP（file transfer protocol，文件传输协议）是一个用于在两台装有不同操作系统的机器中传输计算机文件的软件标准。它属于网络协议组的应用层，通俗地说，就是上传网页等网站内容到服务器的工具。

文件上传工具种类较多，通常使用的有 LeapFTP、FlashFXP 和 CuteFTP 等。

1.3.2　网站建设的学习方法

网站建设是一门实践性很强的课程，为了使读者能够尽快掌握网站的开发技术，本节简单地介绍本课程的学习要领和方法，供读者参考。

1. 培养学习兴趣

任何学习都需要兴趣，因此首先应当培养自己对网站建设的兴趣，只有这样，学习才能顺利地进行下去。不要为了应付考试而学习，那样的学习对能力的提高没有任何意义。

2. 掌握语言基础

在学习本课程之前，应具备一定的 Visual Basic 编程语言的基础知识。如果你还没有掌握一些基本语句的使用，建议再复习一下曾经学习过的编程语言的相关知识。

3. 多浏览网站，尝试边学边做

多浏览一些好的网站，多看网站的代码，学会边读边做，从一些简单的功能开始尝试去模仿实现。

4. 不贪多、不刻意追求新技术

网站的动态编程技术有很多种，不要去在意 A 语言比 B 语言好的说法。对于网站中的动态程序开发，只要精通一种语言即可。学精了一种语言，即使将来因工作需要而改用其他语言，也一定能够触类旁通。另外，在学习初期，不要刻意追求新技术，一定要注重基础，只有明白了基础的东西，才能快速提高。

5. 多动手，勤练习

学习网站建设最重要的秘诀就是多动手。HTML、Dreamweaver、VBScript 和 ASP 的学习都需要通过大量的练习，才能够把学到的知识变成自己的能力。因此，不要放过任何一个实践的机会，即使书上的源代码，也一定要亲自动手将其变成自己的程序。

6. 多看相关论坛

网上的资源很丰富，多看一些相关网站建设论坛的好帖子，会对自己水平的提高有帮助。而且，别人的问题可能就是自己以后会碰到的问题。如果能尝试帮助别人解决问题，则自己可能又会有新的感悟或收获。

思考与练习

一、简答题

1. 简述电子商务网站的主要功能和构成要素。
2. 什么是垂直型电子商务网站？其与水平型电子商务网站有什么不同？请举例说明。
3. 比较阿里巴巴与敦煌网两大B2B网站，分析二者的盈利模式有什么不同。
4. 什么是企业营销型网站？简述企业实施电子商务的意义。

二、选择题

1. B2C是指（　　）。
   A. 企业对企业　　B. 企业对个人　　C. 个人对企业　　D. 企业对政府
2. 下列不属于C2C的网站是（　　）。
   A. 淘宝网　　B. 易贝　　C. 拍拍网　　D. 当当网
3. 以下不是网站的构成要素的是（　　）。
   A. 网页　　B. 域名　　C. 空间　　D. 网线

技 能 实 训

一、实训目的

1. 了解电子商务网站，加深对电子商务网站的感性认识。
2. 分析电子商务网站的现状及各自的运营与管理模式。

二、实训内容

1. 访问以下电子商务网站，了解它们的运营状况，探究它们各自的商务模式、主营范围、物流配送、盈利模式及网站推广方式。

1）好乐买（http://www.okbuy.com）。
2）驴妈妈旅游（http://www.lvmama.com）。
3）酒仙网（http://www.jiuxian.com）。
4）携程网（http://www.ctrip.com）。
5）精英乒乓网（http://www.cnpingpang.com）。
6）敦煌网（https://www.dhgate.com）。
7）苏宁易购（https://www.suning.com）。
8）世界工厂网（https://www.gongchang.com）。

2. 访问中华英才网、智联招聘网等人才招聘网站，分别以“电子商务网站建设”“SEO

专员”“SEM 专员”等作为关键字对招聘单位和职位进行搜索，阅读前 100 条招聘信息，了解电子商务、网站技术从业人员和网站管理员的工作职责。看看招聘信息中对于岗位的要求是什么，然后记录下来并整理好，以便更好地明确自己的学习方向。

3．掌握文字、图片、动画及视频素材搜集的方法，将网上你感兴趣的素材下载下来，并分类保存在不同文件夹下，留作备用。

第 2 章

电子商务网站的规划与设计

知识目标

1）掌握电子商务网站规划的基本步骤。

2）结合电子商务网站实例的剖析，了解电子商务网站的功能模块组成。

3）掌握电子商务网站风格设计的基本原则及布局要点。

能力目标

具备整体规划和设计一个电子商务网站的能力。

“凡事预则立，不预则废。”电子商务网站的建设是一个复杂的系统工程，所涉及的内容很多，环环相扣，不允许脱节，必须有计划、有步骤、按规范进行实施。如同建设一座大楼，动工之前，要规划大楼的用途，设计大楼的图纸，网站的建设也要在规划与设计的基础上进行。网站前期规划与设计的好坏直接影响电子商务网站的设计与实施。

2.1　网站前期规划

2.1.1　网站总体规划

电子商务网站的规划是指在网站建设前确定网站的主题和目标，对网站目标定位进行内容规划和功能规划。其主要内容应该包括网站构建目标和开展的业务分析、网站目标用户分析、网站市场定位分析、技术与经济可行性分析、运行环境和技术及工具的选择等。

1. 确定网站主题与建站目标

电子商务网站的建设要从企业的战略规划出发，根据自身的优势特点准确地定位网站，明确网站的功能。例如，一提到京东商城，人们马上会想到这是一个以数码类产品为主的网上商城；一提到当当网，人们会想起这是一个以图书销售为主的网站；一提起贝贝网，人们就会想起这是一个专门经营母婴类商品的网站。企业要实施电子商务，在动手制作自己的网站之前，首先要考虑的就是自己的网站究竟要做些什么，通过这个网站要表达什么内容，这就必须给自己的网站划定一个范围。有的商城网站，由于目标不明确，不考虑自身实力与定位，网站上什么都卖，结果成了大杂烩，没有任何特色，自然也不能吸引眼球，最后导致什么也卖不出去的尴尬。

具体到一个企业，究竟应该如何为自己的网站确定主题和目标呢？

一方面，企业要确认建立网站的目标是树立企业形象，还是展示产品、拓展市场；是宣传自己的思想、理念，还是调查用户反映、改进售后服务；是为企业做宣传，加强用户的沟通，还是要实现网络营销与电子商务。

另一方面，要分析企业自身的具体情况，包括企业的进货渠道资源、企业的市场销售资源优势、企业的品牌知名度及消费市场认知度、企业的资金实力和企业所处的行业地位等。

2. 市场需求分析

1）要分析网络中企业现有的竞争对手。所谓“知己知彼，百战不殆”，可以利用搜索引擎和阿里巴巴等相关平台进行详细调查，收集相关企业的信息和资料，包括竞争对手的运营模式、市场占有率、技术和经营实力等，制订相应的策略和正确的操作步骤。竞争对手的产品与服务及在网络运营方面的优势可能是后来者进入的强大障碍。对于中小企业而言，通常情况下，应定位为行业细分领域的 B2C，如服装、家电等，并把自己熟悉的行业做精、做透，这才是成功的必由之路。尽量不要做综合型平台，因为这类平台前期投资很大，并且市场已经被京东、淘宝和拼多多等所占领，属于竞争激烈的范畴。例如，连趣网和连艺网都是经营连环画业务的网站，由于突出了自己的鲜明特色，各自拥有了数万名的粉丝会员，从而可以很好地生存，避免了与当当网的同质化竞争，如图 2-1 和图 2-2 所示。

图 2-1 连趣网首页

图 2-2 连艺网首页

2）企业所处地区的地理位置、经济发展状况、政府的支持力度及物流配送条件等环境因素也都是市场调研的内容，对于企业实施电子商务最终能否成功起着关键作用。

建立电子商务网站，企业面对的是一个新的商务模式与新的市场环境，并不是简单地把传统的产品与渠道放到网上进行实施就可以了。准确的市场分析是建立电子商务网站的前提。企业推出的任何产品与服务都不能自己一厢情愿，必须在建站之前，对相关行业的市场进行需求分析，在电子商务网站增加的每一项功能和服务都是建立在全面的需求分析基础之上的。

3. 收集资料、广泛调研，进行目标用户分析

企业应当调查所面对的消费者群体的详细情况，并进行目标用户分析，如用户的年龄结构、文化水平、收入水平、消费倾向及对新事物的敏感程度等。以外贸网站为例，需要分析的内容包括：用户分布在哪些国家和地区？目标用户会有哪些爱好和习惯？目标用户会在 Internet 上的哪些地方出现？目标用户在用哪些方法寻找他们需要的产品和服务？一定要记住这个理念，即从营销的角度来建设网站。具体的网站调研步骤如图 2-3 所示。

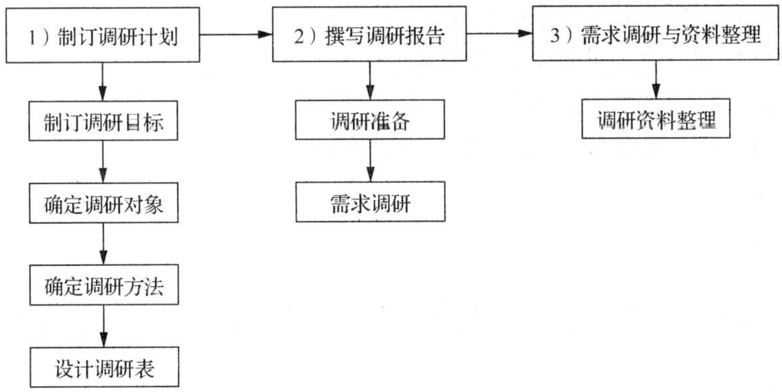

图 2-3　具体的网站调研步骤

4. 可行性分析评估

可行性研究的目的是确定该网站项目是否能够开发，是否值得去开发。一般可从以下 3 个方面分析研究网站开发方案的可行性。

（1）经济可行性

经济可行性是指对开发的项目进行投入成本的估算和取得效益的评估，确定要开发的项目是否值得投资。网站开发的成本费用主要包括域名、主机的申请及开发费用；网站的运行管理成本则主要包括网站的推广费用、安全保证费用、人员费用、维护费用及管理费用等。网站的收益包括直接收益和间接收益。直接收益指通过在线销售网上产品或服务、广告收入等所获取的收益，间接收益则包括品牌收益及网站对其他业务的积极影响。

（2）技术可行性

对要开发项目的功能、性能、限制条件进行分析，确定在现有的资源条件下技术风险有多大、项目是否能实现。这里的资源包括已有的或可以获得的硬件、软件资源，以及现有技术人员的技术水平和已有的工作基础。

（3）社会环境可行性

社会环境可行性所涉及的范围比较广，既包括法律方面的合同、侵权问题，也有市场与政策问题及其他一些技术人员常常不了解的陷阱等。

2.1.2　网站内容与功能设计

1. 内容分类和栏目设计

网站内容是网站信息的集合。在前期目标市场需求分析阶段获取的信息，经过分析归纳

就可以得到内容需求。无论网站界面多么漂亮，模式多么先进，用户看重的主要还是内容。不管是商业信息、行业动态，没有它们，就犹如一个商场建设得非常漂亮却没有商品一样，没有任何意义，也不会有人来光顾。一些企业对网站的前期工作做得不充分，市场定位、目标用户模糊不清，甚至一个网站只发布了几页内容，而且长年累月不更新，这样的网站无异于一个摆设。

确立网站的内容以后，要进行内容分类和组织。栏目设计的最基本任务是建立网站内容展示的框架，具体要确定哪些是必需的栏目、哪些是重点栏目，并建立栏目的层次结构。

设计栏目时应遵循以下一些基本原则。

1）列出的栏目都应是网站最有价值的内容。

2）与网站定位无关的栏目应删除。

3）栏目的设计应方便访问者的浏览、交互和查询。

4）突出电子商务主题。

2. 前台功能设计

下面以一个典型的商城类电子商务网站为实例进行剖析，以了解电子商务网站的结构和各功能模块。

（1）商品导航与展示

电子商务网站的核心功能就是为用户提供商品，如同我们去超市一样，用户能方便迅速地找到自己所需要的商品，并能对此类商品的详细信息进行查看。因此，在商品导航上应提供商品分类、热卖商品、单个商品的详细展示及最新商品等多种方式。此外，还应提供商品按关键词进行搜索的功能。

1）商品分类展示。如图 2-4 所示，网站把所有的产品按大类区分，然后具体分为各种小类，如图 2-5 所示。这样，可提高用户查询所需要商品的效率。

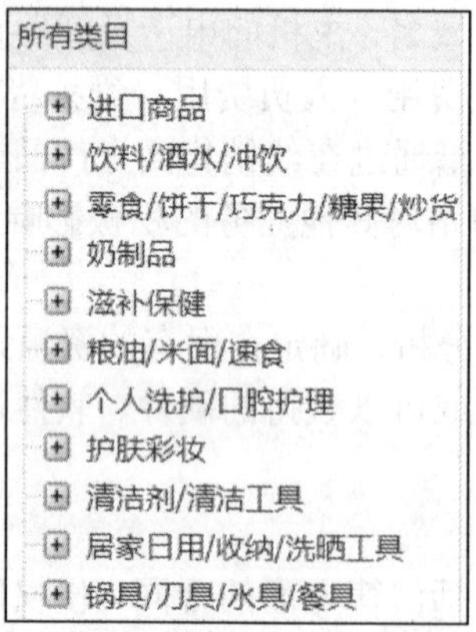

图 2-4　商品分类——大类

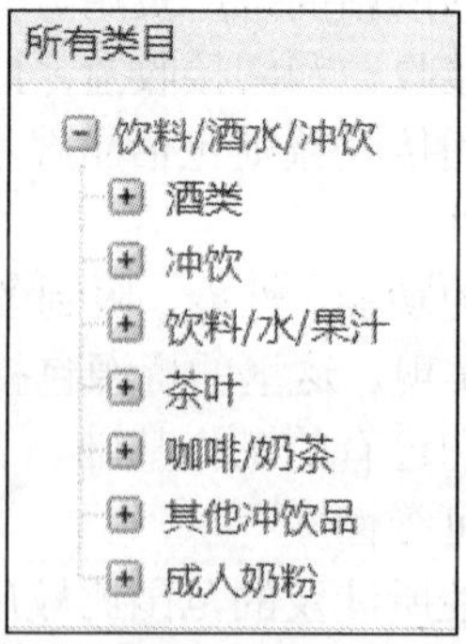

图 2-5　商品分类——小类

2）最新商品展示。如图 2-6 所示，商品的时间排序可帮助用户查找到最新的商品。一般的排序方式除了按上架时间，还有按销量的多少，即热卖商品。

图 2-6　最新商品展示

3）通过关键字搜索商品。如图 2-7 所示，如果当前页没有用户确定要买的商品，又无法通过目录轻松找到，这时就可以通过关键字直接搜索，如商品名称、价格等。

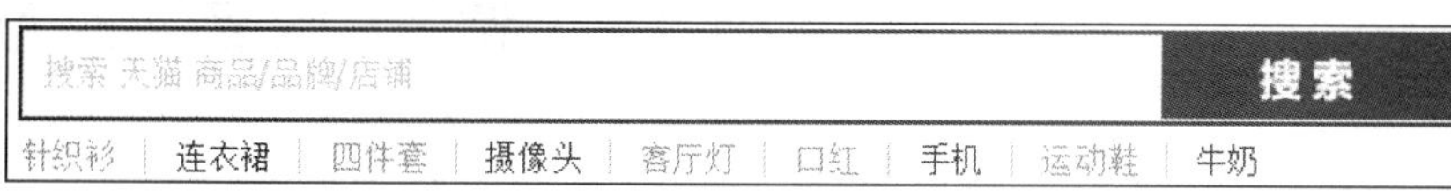

图 2-7　按关键字搜索商品

4）单个商品展示。前面都是针对大类商品设定的功能，一旦用户找到所需商品，则更关注的是这个商品的详细内容，如图 2-8 所示。

图 2-8　单个商品展示

（2）用户注册与登录

一般网站会要求用户先完成注册，即由顾客填写一些个人信息后成为会员，再通过注册信息登录网站，注册与登录界面如图 2-9 所示。网站对会员提供一些优惠，这样可以吸引用户下次再来购买，又可以为商城促销保证流量。例如，苏宁易购采用手机号注册，新用户可以领取大礼包，登录方式可以采用手机扫码登录，也可以采用账户登录。

（3）促销和公告

网站可将促销商品、秒杀商品等各类信息以网站公告形式及时通知用户，如图 2-10 所示。

图 2-9　注册与登录界面

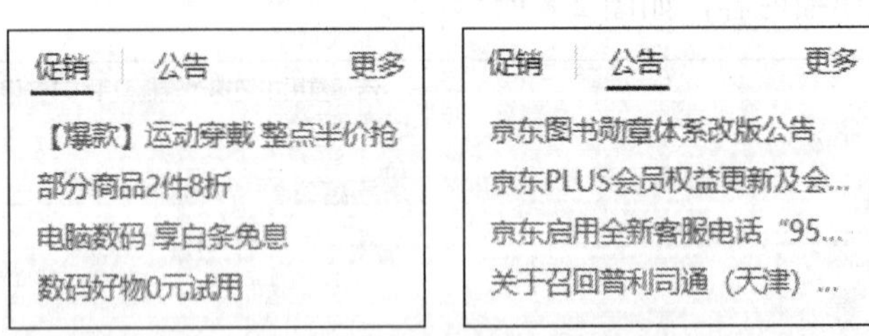

图 2-10　最新公告

（4）购买商品的流程

1）将商品加入购物车。作为一个电子商务网站，购物车的功能是必不可少的，如图 2-11 所示。购物车的功能一方面可以方便同一用户购买多种商品，另一方面还可让用户直观地查看商品信息和购物金额，更新商品数量或删除商品，防止顾客因掉线而丢失购物车内的商品信息。此外，购物车的设计不仅可以面向注册会员，还可以面向临时顾客。

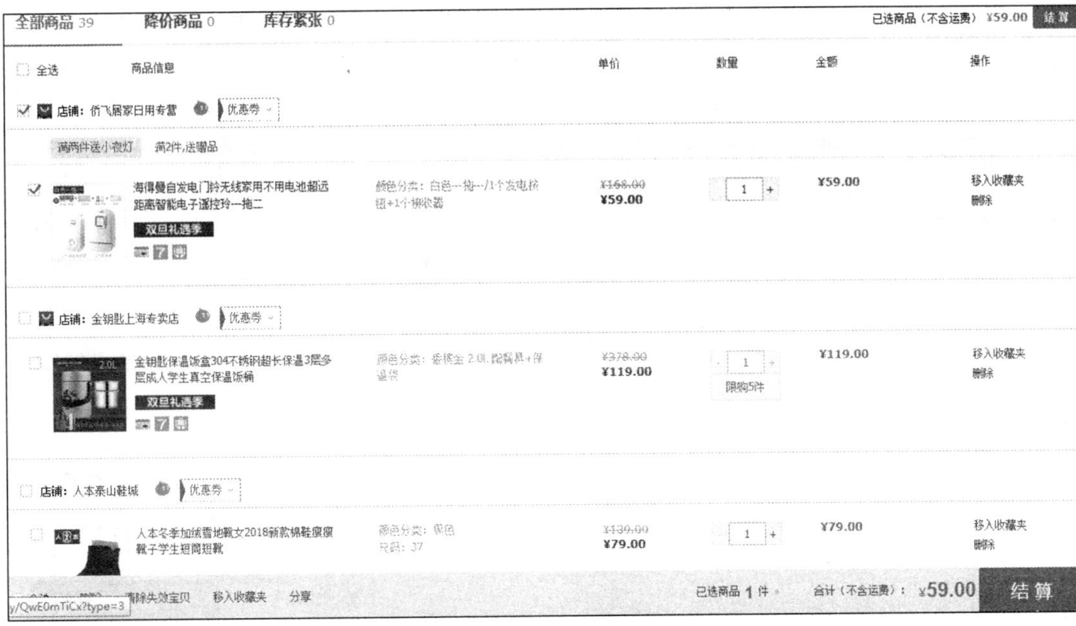

图 2-11　购物车

2）在购物车内选择要购买的商品后，单击“结算”按钮，生成订单信息。结账前一般会要求用户登录，提交订单前要填写收货地址，然后确认订单信息，如图 2-12 和图 2-13 所示。

图 2-12　填写收货地址

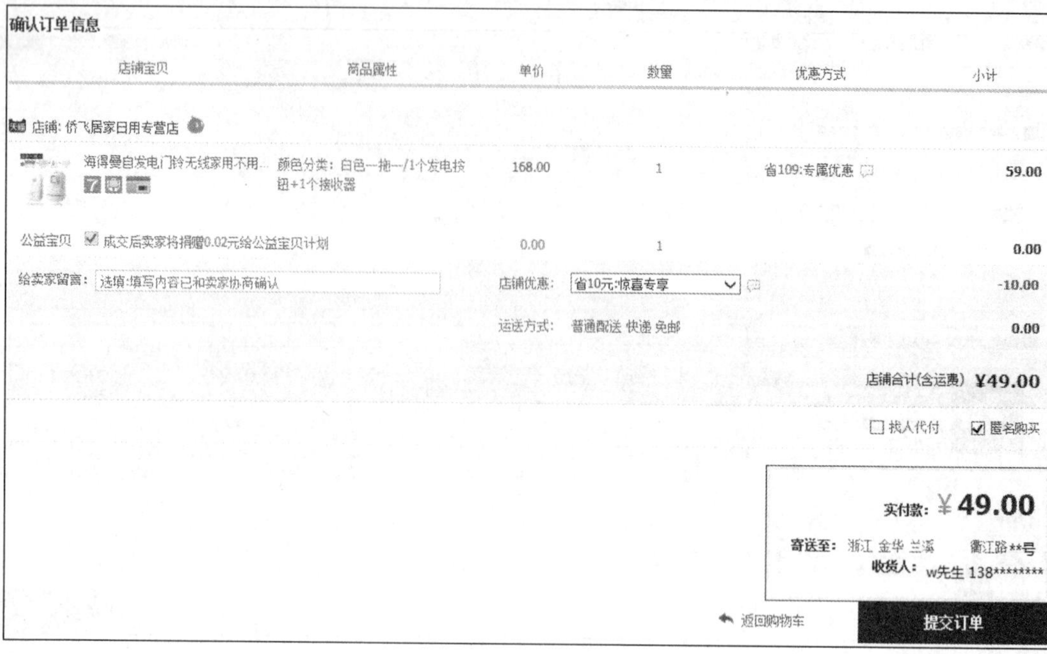

图 2-13　确认订单信息

（5）付款方式说明及售后服务

如果计算机尚未安装数字证书，则会提示用户进行安装，如图 2-14 所示。安装完成后即可选择相应的付款方式进行付款，选择支付宝支付如图 2-15 所示，还可添加快捷/网银付款，如图 2-16 所示。在付款时，店铺还会提示本店可选择的支付方式，如图 2-17 所示。

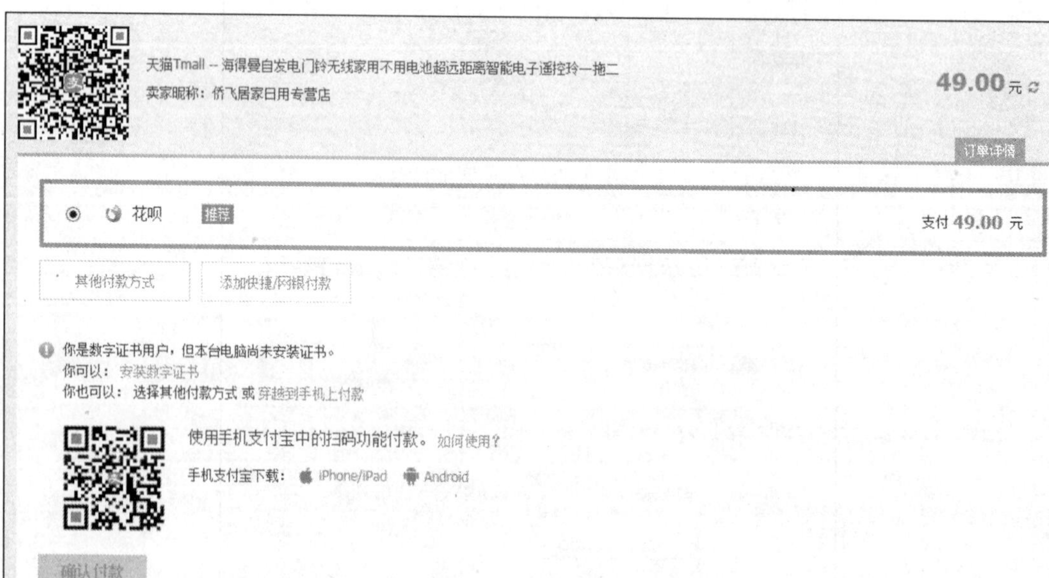

图 2-14　提示安装数字证书

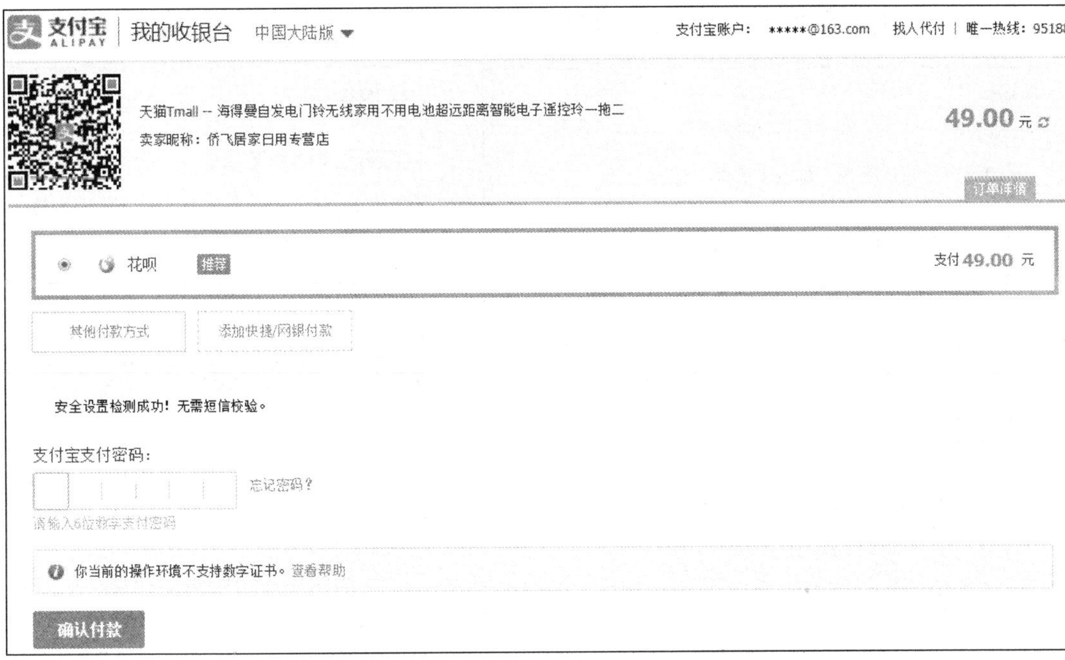

图 2-15　选择支付宝支付

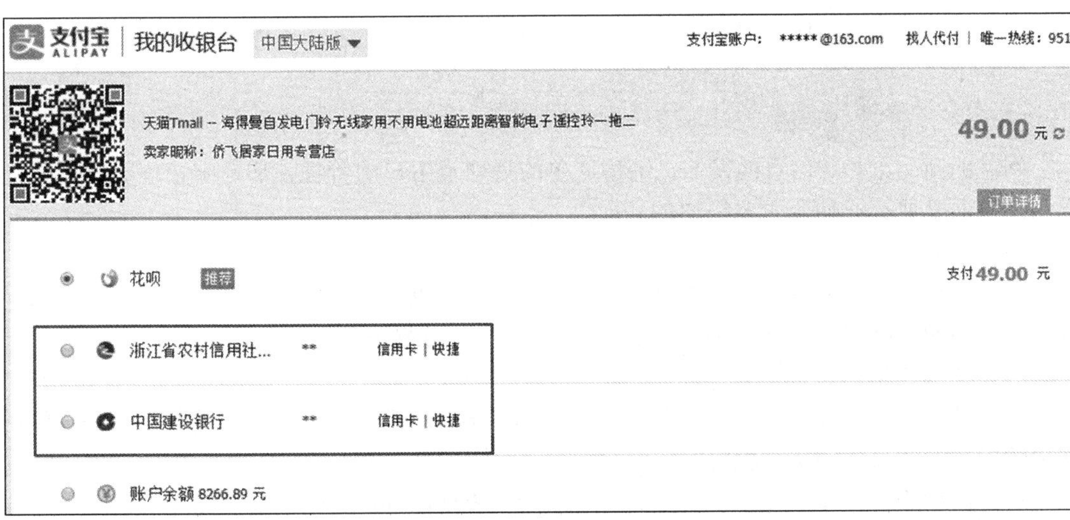

图 2-16　添加快捷/网银支付

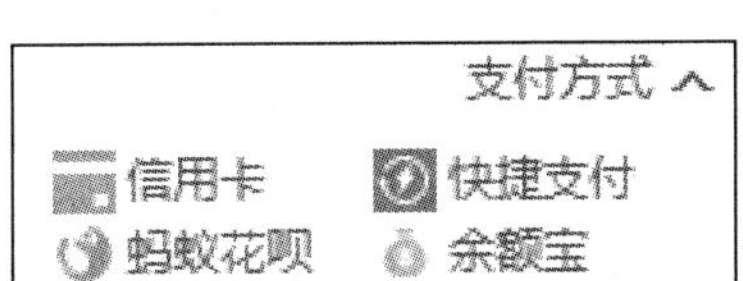

图 2-17　提示选择支付方式

许多时候购物平台和商家会搞促销活动，提供优惠券参与满减活动或满送活动，店铺也会提供相关的服务，如图 2-18 和图 2-19 所示。

图 2-18　优惠活动

图 2-19　店铺服务

3. 后台功能设计

网站的商品维护、信息的发布、销售订单的处理及用户的管理，都是由管理员在后台完成的。下面简要介绍后台主要模块的功能。

（1）商品信息管理

商品信息管理是网站最重要的一项功能。管理员可以进行商品的分类管理、商品的图片管理和商品的价格管理，还可为不同等级会员设定不同的价格优惠级别。

（2）订单信息管理

商品订单信息管理也是网站运营的一个关键环节，涉及几个不同部门的分工合作，包括订单的审核、收款的确认及配货等。

对于后台的功能模块，除了以上最重要的两个模块以外，还包括信息发布的管理、商品评价的管理、用户管理及权限的管理等，这里不再一一阐述，需要时开发人员可根据网站的实际需求来进行开发。

4. 企业营销型网站的设计

过去大部分企业不懂网络营销方面的知识，做个网站就是为了证明自己公司有网站，输入网址能够在网上搜索到就可以了。这类企业网站的标准相对来说比较简单，包括的内容也比较少，而且设计的版面也比较单一。他们认为网站的概念和网上展示的概念基本上一致，并没有想过用网站销售自己的产品，结果是这一类企业站点大多与同行网站同质化，没有差异化的内容和特色，没有与用户的互动，没有流量与转化，企业网站基本沦落成为一个摆设。

因此，企业建网站，最好要建设营销型网站。那么，什么样的网站才能够达到营销型网站的设计标准呢？

（1）网站内容充实，满足用户需求

对于一般的企业，主要栏目应包括以下几个方面。

1）产品或服务展示信息，包括产品的分类信息、详细信息、其他相关信息等。多数用户到网站后首先就是查看企业产品情况，因此产品和服务信息展示是第一位，这些内容的展示可以第一时间满足用户对产品的了解。

2）公司介绍，一般包括公司简介、发展历程、公司荣誉等。通过这些内容的介绍，一方面让用户认知企业，另外也可以增加公司的真实性，让用户信任企业。

3）用户案例和典型合作伙伴，用户和合作伙伴尤其是有实力的合作伙伴的介绍能增强公司的信服力。

4）公司相关支付、发货、物流、售后信息，这些内容的介绍可以帮助用户解决交易过程中的后顾之忧。

5）公司的企业动态、招聘信息等。

6）店铺服务情况和产品注意事项，如图 2-20 和图 2-21 所示。

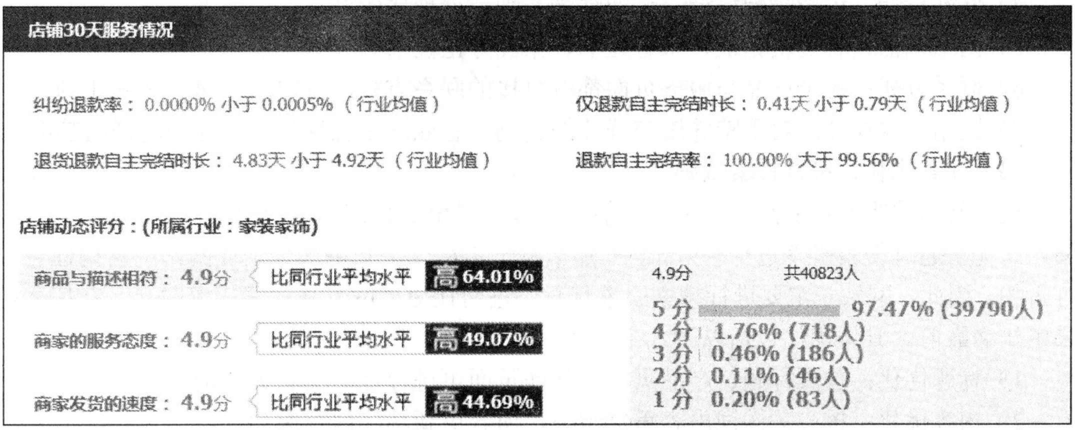

图 2-20　店铺服务情况

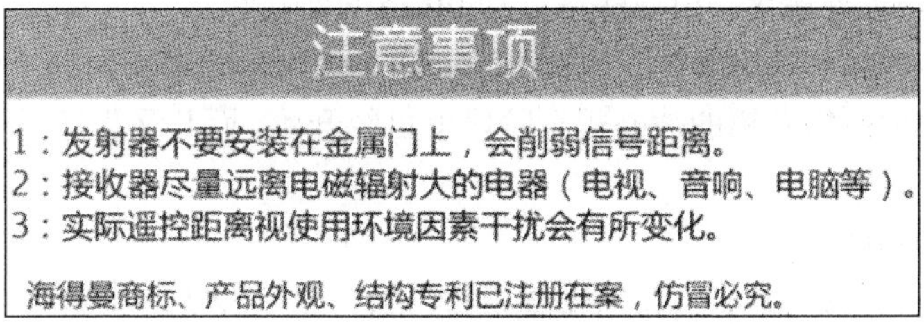

图 2-21　产品注意事项

7）售后服务，如图 2-22 所示。

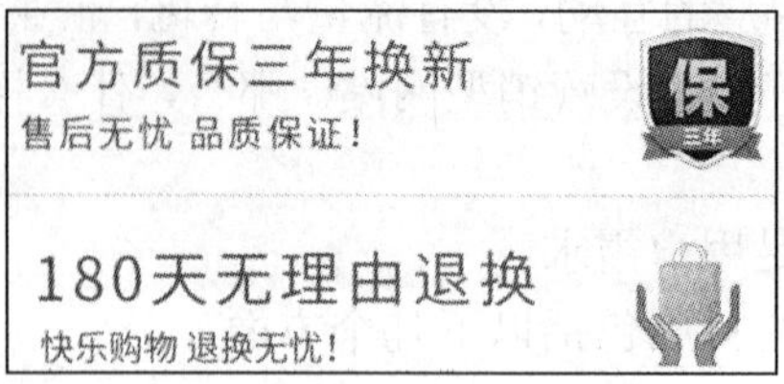

图 2-22　售后服务

（2）体现便捷服务，强化用户体验

当一个客户访问企业网站时，他的每一个微妙的感受都将影响他对企业品牌的判断。网站的视觉效果是否良好、速度是否快、信息导航是否便捷，以及沟通是否通畅、快速等要素都构成了用户体验。良好的用户体验使用户对企业品牌产生好感和信赖，而不好的用户体验会导致用户对企业的品牌实力和服务水平产生怀疑，并最终放弃进一步和企业的业务联系。

我们一般从以下几方面来实现一个具备良好用户体验的营销型企业网站。

1）访问速度：减少首页 Flash 或大图片，实现国内多路由访问和服务器的稳定。

2）网站结构：导航栏清晰，整体结构适合营销的需求。

3）网站内容：突出公司优势、产品优势、服务优势。

4）网站设计：色彩搭配协调、专业性强，细节处理比较好。

5）网站诚信：有资质论证、荣誉证书、第三方论证书。

6）联系方式：每个产品与服务页面都有直接的联系方式，方便用户第一时间找到。

7）网站的沟通性：对于特殊用户群体的定制，企业网站应该具备交互与沟通的功能。

（3）注重优化，符合搜索规则

企业网站的重要功能是网站推广功能，而搜索引擎是目前网民获取信息最重要的渠道。网站若无法通过搜索引擎进行有效推广，那么从一定程度上来讲这个企业网站的营销性会大打折扣。因此，网站一定要进行搜索引擎优化，进而让更多网页被搜索引擎收录，在搜索结果中排名靠前。具体优化包括以下几个方面。

1）标题优化：首页标题、产品页面、新闻页面可进行针对性的关键词优化。

2）内容优化：核心关键词内容重复频率、内容更新率、内容原创性。

3）关键词优化：企业 SWOT 分析、优势产品与服务、关键词列表。

4）友情链接：外部链接、内部链接、高 PR 值网站互联。

在营销型企业网站解决方案中，搜索引擎优化工作为基础和长期的工作，从企业网站的策划阶段乃至从企业网络营销的战略规划阶段就已经开始，而其又贯穿于企业网站的整个运营过程。

（4）具备营销功能

1）网站客服：有网站客服，在线把握销售机会，整合 QQ 在线功能。

2）客服热线：开通 400、800 全国免费热线，体现专业大公司形象，注重品牌与服务，把握商机。

3）企业邮件：对外统一形象，对内方便管理，企业邮件是基础准备，如图 2-23 所示。

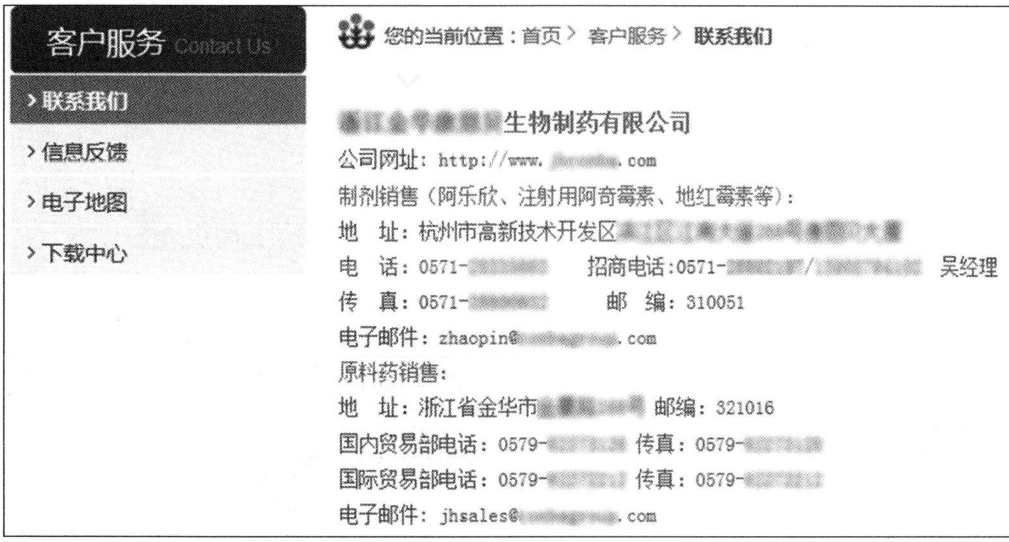

图 2-23　某公司的联系方式

4）广告促销：通过在线广告活动、最新促销，营造营销气氛，把握线上机会。

5）电子地图：让用户方便找到，提升诚信度，用户体验好，如图 2-24 所示。

图 2-24　某公司网站的电子地图

（5）明确企业定位，彰显特色，突出产品卖点和服务优势

品牌宣传和产品销售是企业网站最重要的功能，当用户访问企业网站时，如何让用户增强对企业品牌的信任、产生对企业产品的兴趣，是实现这些功能最为重要的问题。尤其对新用户来说，当他通过网络获取了一个新的企业品牌信息时，网站给他的第一印象对他是否会选择这个品牌是至关重要的。所以企业在建设网站时，应该把如何彰显企业特色、突出企业产品卖点作为一个重要原则，如图 2-25 和图 2-26 所示。

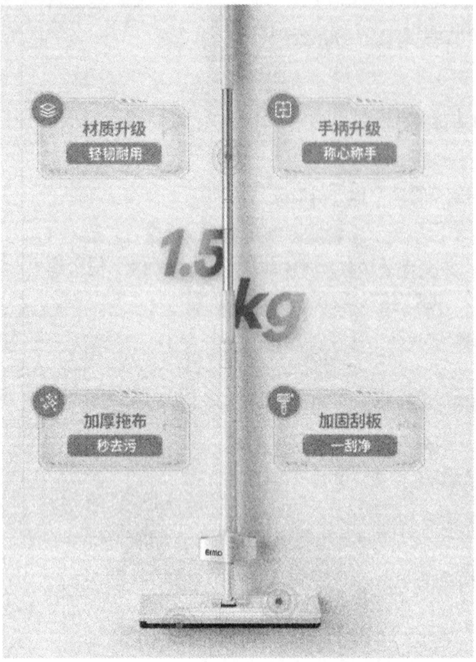

图 2-25 某公司网站的产品卖点展示

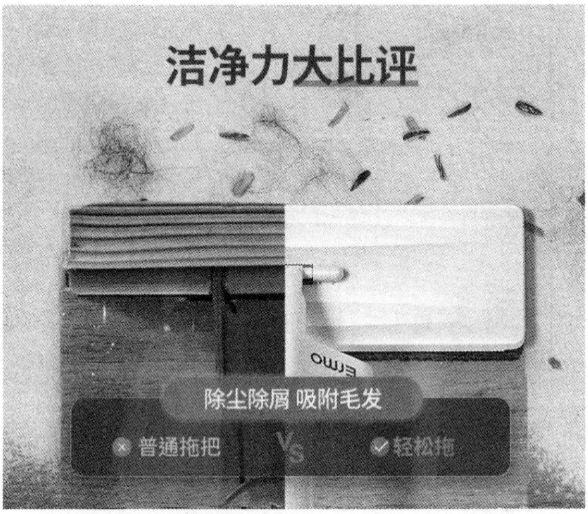

图 2-26 某公司网站的产品细节优势展示

（6）完善的网站监测与数据统计

作为营销型的网站，完善的网站监测与数据统计，对网站的用户来源、用户的信息、用户的去向进行详细的统计是非常重要的，这样可以从中发现访客访问网站的规律和特点，并将这些规律与网络营销策略相结合，进而实现更好的电商运营。

（7）比较高的用户信任度

对于企业网站来说，要提高自己的公信力，可以在网站平台提供相关的证件和资质证明、相关的媒体报道、企业的生产过程、企业文化、企业宣传语、企业地址和企业实景等真实的图片，当然也包括以往用户的真实案例。要使用户在网站上消费，首先一定要让用户信任你的网站。对于营销型的网站，还要有企业网站备案号、企业详细的联系方式，以方便用户联系和找到企业，如图 2-27～图 2-29 所示。

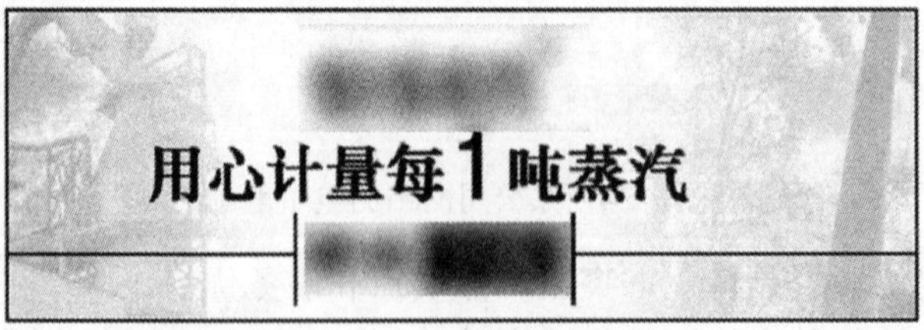

图 2-27 某公司网站的宣传语

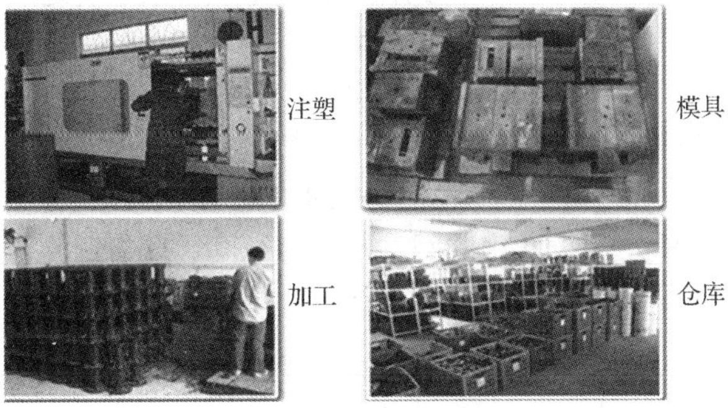

图 2-28　某公司网站上的生产过程展示

图 2-29　某公司网站的公司资质展示

2.2　网站的风格与布局设计

2.2.1　网站风格设计的基本原则

如图 2-30 所示，这样一个杂乱的超市，你有停留的欲望吗？你会做出购买的决策吗？当然不会，对于网站，道理是一样的。如果一个网站布局混乱，色彩搭配不协调，功能定位不清楚，给人第一感觉就是不专业，这样的网站一般很少有成交量。

图 2-30　某杂乱的超市

一个好的网站应有自己的风格。所谓网站风格是指网站页面设计上的视觉元素组合在一起的整体形象展现给人的直观感受。这个整体形象包括网站的配色、字体、页面布局、页面内容、交互性、海报、宣传语等因素。

网站风格一般与企业的整体形象相一致，如企业商标的整体色调、企业的行业性质、企业文化、提供的相关产品或服务特点都应该在网站的风格中得到体现。网站风格最能传递企业文化信息，所以说好的网站风格不仅能帮助用户认识和了解网站背后的企业，也能帮助企业通过自身网站的辨识度在众多网站中脱颖而出，树立别具一格的形象。

网站制作的灵魂在于开发人员对网站的风格设计理念的理解。很多初学者把掌握网页制作软件看作网站制作最基本的技能，事实上，无论是初学者还是专业的建设人员，选用的工具诸如 Dreamweaver、Photoshop 等都是相同的，但设计出的网站却大相径庭、风格迥异。因此，仅掌握网页设计软件是远远不够的，必须具有良好的网站设计理念才能创造出优秀的网站。

1. 网站的整体风格设计

网站整体风格是指站点的整体形象给浏览者的综合感受，这种感受是抽象的。有风格特色的网站与普通网站的区别在于：在普通网站上，用户看到的只是堆砌在一起的信息，而在有风格特色的网站上可以获得除内容之外的更感性的认识，如站点的品位、用户层次等。

例 2-1 联合利华官网首页（图 2-31）

“联合利华”是全球著名的品牌。醒目的白色大字向世界传递它的宗旨——我们将如何改善地球健康。企业站点的首页使用大片的森林来传递这一企业宗旨。站点内容的组织则围绕联合利华的产品线进行，产品的名称、商标、功能等信息一览无余。

图 2-31 联合利华官网首页

（1）整体风格所包含的因素

站点整体风格包含的因素很多，包括站点的整体色彩、企业识别（如标志、标语、色彩和字体等）、版面布局、文本的字体和大小、背景的使用等。风格的设计没有一定的公式或规则，需要设计者通过各种分析来决定。概括起来，风格就是与众不同。

（2）如何确立自己的网站风格

确立网站的风格可从以下几个方面入手。

1）logo 的使用。logo 就是网站的徽标或商标，形象的 logo 不仅有利于用户对网站主体和品牌的识别，而且有促进网站推广的作用。

例 2-2　百度 logo（图 2-32）

“百度”这一公司名称来自宋词“众里寻他千百度”。而“熊掌”图标的想法来源于“猎人巡迹熊爪”的刺激，与李彦宏博士的“分析搜索技术”非常相似，从而构成百度的搜索引擎概念，进而变成了百度的标志。

图 2-32　百度 logo

2）文字的使用。网页中文字字体的使用也很重要，通常要遵循以下原则。

① 网页正文字体，一般情况使用宋体。不要使用超过 3 种以上的字体。字体太多则显得杂乱，无法突出主题。

② 字号大小一般设置为 12 像素，即标准书刊用字大小，符合人们的阅读习惯。不要用太大的字，因为版面非常宝贵，粗陋的大字体不能带给访问者更多的信息。

③ 不要使用不停闪烁的文字。想让浏览者多停留一会儿，就不要使用闪烁的文字。

④ 原则上标题的字体较正文大，且标题字体不能使用如行楷等过于活泼的字体，以表达稳重之意。

3）利用网页的配色表现风格。不同的颜色有着不同的含义，如红色代表热情、奔放、喜悦；白色代表纯洁、简单、洁净；蓝色代表天空、科技、清爽等。

不同的色彩搭配会产生不同的效果，在站点整体色彩使用上，要结合站点目标来确定。如果是政府网站，就要在大方、庄重、美观、严谨上多下工夫，切不可花哨；如果是女性用品网站，则使用粉色、红色居多：如果是个人网站，则可以采用较鲜明的颜色，设计简单而有个性。

网页上的色彩选用搭配，会影响网站的访问量。例如，采用高亮度的背景色或前景色，很容易让浏览者的眼睛感到疲劳，而且不利于整个网站风格的统一。同时，网页颜色数量也并非越多越好，太多的颜色违背了网站“简单即为美”的原则。一般情况下，要根据企业标志色系和网站所需总体风格的要求确定出一至两种主色调，然后与辅助颜色进行组合。下面是几个网页配色的基本原则。

① 强调特色，主题鲜明。网页的用色需要配合网站的行业特征，从而突出网站的主题，如“伊利”网站的主页，网页以绿色、蓝色和白色为主色调，给人以清爽的感觉，如图 2-33 所示。

② 总体协调，局部对比。网页的整体色彩效果应是和谐的，只有局部、小范围的地方让色彩有一些强力的对比。这样的局部色彩对比，不但可以避免网页色彩显得过于单调，也可以保持网页的整体风格。

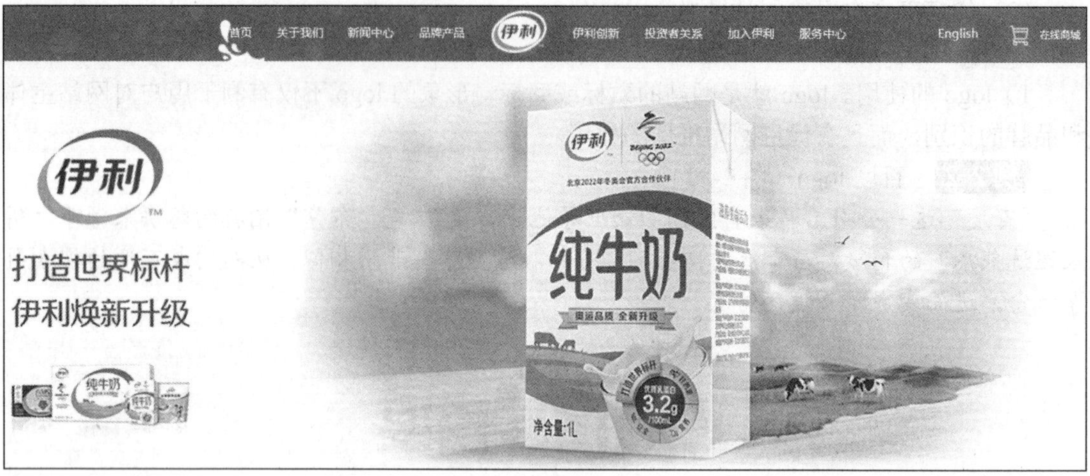

图 2-33　伊利网站首页

③ 遵循艺术原则，合理搭配。网页的配色也是一项艺术性的工作。对网页进行配色时，一定要遵循艺术原则进行搭配，在此基础上再大胆创新。

4）网站的风格要统一。一个网站由很多个网页组成，如果每个网页的风格都不一致，那么一定会使整个网站显得凌乱不协调，甚至很容易使浏览者感到迷惑，不知是否还在同一网站内，所以一定要使网站的风格保持一致。也就是说，上面提到的几个方面（包括网站的logo、文字字体、网页的主色调及版面布局）均要一致。除此之外，还要注意以下几点。

① 风格是建立在有价值的内容之上的。

② 将网站 logo 尽可能地放在每个页面最突出的位置。

③ 使用统一的图片处理效果。

④ 设计醒目的宣传标语。

2. 网页设计的基本原则

网页的设计基本上是按照一定的步骤进行的。不同的站点开发人员有各自不同的习惯，对于网页设计都有自己独特的见解，但一般来说有一些原则是相同的，有一些主要的概念也是共通的。仅会输入文本、制作超链接和排列图片，不是真正意义上的网页制作。

网页制作最重要的一个原则就是创意。这个原则也可以看成是网页制作的根本，没有创意的网站不能算是成功的网站，而这样的站点也不可能长期存在。

除了创意之外，在网页设计时还需要考虑以下基本原则。

（1）网页内容便于阅读

网站最大的目的是发布信息，网页作为信息的载体，就必须做到便于阅读。网页方便浏览者阅读与查找是网站服务的要求，方便内容的查找与阅读的根本在于科学地分类和组织。个人网站信息量少，几个超链接就可以包含；而商业网站的信息量较为庞大，如新浪、网易这样的网站，站点中的内容几乎无所不包，如何有条有理地组织和放置超链接，就需要仔细考虑。

（2）网页的长度不要太长

带宽问题在国内是一个必须要考虑的问题，而且非常现实。

作为一名网页设计师，要根据访问对象的不同来确定网页的大小，要尽可能地将网页设计得美观且简洁、精湛，使用户访问时能够确保比较高的访问速度，而不至于因为等得不耐烦而放弃访问。

（3）选择合适的图片尺寸及格式

网页中如果只有文本没有图片，整个网页就会显得枯燥无味，不能引起用户的兴趣。但网页中的图片也不是越多越好，图片过多会导致网页的下载速度慢。尽量不要使用尺寸过大的图片，如果不得不使用，最好把大图片分割成几个间距为零的小图片。

图片的格式众多，但网页上常用的图片格式是 GIF 和 JPEG 两种。色彩丰富、高分辨率的图片可以使用 JPEG 格式，如照片等；色彩少、低分辨率的图片可以使用 GIF 格式，而 GIF 格式还支持简单的动画。

（4）协调浏览器与分辨率

由于 Internet 的用户非常广泛，所使用的计算机性能也有高低之分，在设计时要尽量保证网页在不同浏览器中都能浏览。另外，在设计站点时还有语言版本的问题，如果一个网站定位于同时向国内外进行宣传，那么多语言版本的网页是不可缺少的。GB 码、BIG5 码及 English 版本是目前最流行的 3 种语言版本。

（5）提供与浏览者的交互

近年来，站点的交互性已经越来越被人们所重视，商业站点往往同时提供论坛、留言板等各种交互服务。

2.2.2　版面布局

1. 版面布局的概念

网页美感除了来自网页的色彩搭配外，还有一个重要的因素就是版面布局设计。

版面指的是浏览者看到的一个完整的页面。因为每台计算机的显示器分辨率存在差异，所以同一个页面的大小可能出现 800 像素×600 像素、1024 像素×768 像素等不同尺寸。

布局，就是以最适合浏览的方式将图片和文字排放在页面的不同位置。什么才是“最适合”，并没有一个标准答案，一般情况下要求具备以下两个功能。

（1）实用功能

1）网页内容的主次一定要从网页的版式上体现出来，网页设计要突出重点内容。

2）网页的导航一定要清晰，这与网页的版式设计有着非常重要的联系。

3）网页的版式布局设计决定了网页的布局，布局合理和逻辑性也是网页版式设计的要点。

（2）审美功能

1）网页的版式要具有整体性、一致性，总体来讲就是统一。

2）要合理地划分整个页面，安排页面各组成元素，即分割。

3）通过合理运用矛盾和冲突，使设计更加富有生机和活力，即对比。

2. 版面布局的操作步骤

（1）草案

新建页面就像一张白纸，没有任何表格、框架和约定俗成的东西，可以尽可能地发挥想象力，将想到的“景象”画上去（可以用一张白纸和一支铅笔草绘，也可以用 Photoshop 等软件来绘画）。这属于创造阶段，不讲究细腻工整，不必考虑细节功能，只以粗豪的线条勾画出创意的轮廓即可。

（2）粗略布局

在草案的基础上，将确定需要放置的功能模块安排到页面上。功能模块主要包含网站标志、主菜单、新闻、搜索、友情链接和版权信息等。

注意：这里必须遵循“突出重点、平衡协调”的原则，将网站标志、主菜单等最重要的模块放在最显眼、最突出的位置，然后再考虑其他模块的摆放。

（3）定案

将粗略布局精细化、具体化。在布局过程中，可以遵循以下原则。

1）正常平衡，也称“匀称”，多指左右上下对照形式，主要强调秩序，能达到安定、诚实、信赖的效果。

2）异常平衡，即非对照形式，但也要平衡和韵律，当然都是不均整的，能达到强调性、不安性、高注目性的效果。

3）对比，不仅利用色彩、色调等技巧来表现对比，在内容上也可涉及古与今、旧与新等对比。

4）凝视，利用页面中的人物视线，使浏览者仿照跟随的心理，以达到注视页面的效果，一般多用明星凝视状。

5）空白，有两种作用，一方面对其他网站表示突出卓越，另一方面也表示网页品位的优越感，这种表现方法对体现网页的格调十分有效。

以上的设计原则虽然枯燥，但是如果能领会并活用到页面布局中，则效果会大不一样。

3. 常见的版面布局形式

（1）T 结构布局形式

所谓 T 结构，就是指页面顶部为横条网站标志和广告条，下方左面为主菜单，右面显示内容的布局，整体效果类似英文字母 T，所以称为 T 结构布局。这是网页设计中用得最广泛的一种布局方式。这种布局的优点是页面结构清晰，主次分明，是初学者最容易上手的布局方法；缺点是规矩呆板，如果不注意细节色彩，很容易让人“看之无味”。

（2）几型布局

这是一个象形的说法，就是页面一般上下各有一个广告条，左面是主菜单，右面放友情链接等，中间是主要内容。这种布局的优点是可以充分利用版面、信息量大；缺点是页面拥挤、不够灵活。

（3）对称对比布局

顾名思义，对称对比布局是指采取左右或上下对称的布局，一半深色一半浅色，一般用于设计型站点。其优点是视觉冲击力强，缺点是很难将两部分有机地结合起来。

（4）POP 布局

POP 引自广告术语，是指页面布局像一张宣传海报，以一张精美的图片作为页面的设计中心，常用于时尚类站点。其优点显而易见，即漂亮吸引人；缺点是速度较慢。但作为版面布局，还是值得借鉴的。

（5）国型布局

国型布局也称为同型布局，是一些大型网站喜欢使用的布局类型。国型布局的最上面是网站的标题及横幅广告条；接下来是网站的主要内容，左右分列一些小条内容；中间是主要部分，与左右一起罗列到底；最下方是网站的一些基本信息、联系方式、版权声明等。这种布局通常用于主页的设计，其主要优点是页面容纳内容多、信息量大。

（6）标题正文型布局

这种布局的最上方是标题或广告等内容，下面是正文。通常文章页面或注册页面采用此种布局。其特点是简洁明快、干扰信息少，较为正规。

（7）变化型布局

采用上述几种布局的结合与变化，布局采用上、下、左、右结合的综合型框架，再结合 Flash 动画，使页面形式更加多样，视觉冲击力更强。

2.3　网站的目录结构与链接结构设计

2.3.1　设计网站的目录结构

一个电子商务网站中的文件数量少则几百个，多则有几千个、几万个，如何有效地组织这么多的文件确实是一个不可小视的问题。目录结构的好坏，对浏览者来说虽然没有什么明显的差异，但是对于站点本身的长期维护、未来内容的扩充和移植等有着重要的影响。

下面是建立目录结构的一些建议。

1. 不要将所有文件都存放在根目录下

1）将所有文件都放在根目录下，文件管理比较混乱，常分不清哪些文件需要编辑和更新、哪些无用的文件可以删除、哪些是相关联的文件，从而影响工作效率。

2）将所有文件都放在根目录下，文件上传速度慢。服务器一般会为根目录建立一个文件索引。如果将所有文件都放在根目录下，即使只上传更新一个文件，服务器也需要将所有文件再检索一遍，建立新的索引文件。很明显，文件量越大，等待的时间也将越长。所以，要尽可能地减少根目录的文件存放数。

2. 按主菜单栏目内容建立子目录

按主菜单的栏目建立子目录，这样做不仅便于文件查找，而且不会影响网站的运行速度。企业站点可以按公司简介、产品介绍、在线订单、反馈联系等建立相应的子目录。

3. 根据更新要求管理次要栏目

其他的次要栏目，需要经常更新的可以建立独立的子目录；而一些相关性强、不需要经常更新的栏目，如关于本站、关于站长及站点经历等，可以合并放在一个统一的目录下。

4. 在每个目录下都建立独立的 images 目录

通常，需要在站点根目录下建立一个 images 目录。网页制作的初学者习惯将所有图片都存放在这个目录中，结果到后期网站维护时，图片的管理就会变得相当麻烦。最好的办法是为每个主栏目建立一个独立的 images 目录，根目录下的 images 目录只用来存放首页和一些次要栏目的图片。

5. 目录的层次不要太深

目录的层次建议不要超过 3 层。原因很简单，为了方便维护与管理。

6. 不要使用中文目录

尽量不要使用中文的目录和文件名，否则很可能会出现莫名其妙的错误。

2.3.2 设计网站的链接结构

网站的链接结构是指页面之间相互链接的拓扑结构，它建立在目录结构的基础之上，但可以跨越目录结构。形象地说，每个页面都是一个固定点，链接则是在两个固定点之间的连线。一个点可以和一个点连接，也可以和多个点连接。更重要的是，这些点并不是分布在一个平面上，而是存在于一个立体的空间中。设计网站的链接结构的目的在于用最少的链接使浏览最有效率。一般地，建立网站的链接结构有以下两种基本方式。

1. 树状链接结构（一对一）

树状链接结构类似 DOS（disk operating system，磁盘操作系统）的目录结构，首页链接指向一级页面，一级页面链接指向二级页面。采用这样的链接结构，浏览时是一级级进入，一级级退出。其优点是条理清晰，访问者明确知道自己在什么位置，不会“迷路”；缺点是浏览效率低，从一个栏目下的子页面到另一个栏目下的子页面，必须经过首页。

2. 星状链接结构（一对多）

星状链接结构类似网络服务器的连接，每个页面相互之间都有建立链接。这种链接结构的优点是浏览方便，随时可以到达自己喜欢的页面；缺点是链接太多，容易使浏览者“迷路”，从而分不清自己在什么位置，搞不清看了多少内容。

这两种基本结构都只是理想方式，在实际的网站设计中，更多的是将这两种结构混合起来使用。这样既可以方便快速地到达自己需要的页面，又可以清晰地知道自己的位置。所以，最好的设计办法是首页和一级页面之间用星状链接结构，一级页面和二级页面之间用树状链接结构。

例 2-3　一个新闻站点的页面结构（图 2-34）

其中，首页与财经新闻页、娱乐新闻页、IT 新闻页之间是星状链接，可以互相点击直接到达。而财经新闻页与其子页面之间是树状链接，浏览财经新闻 1 后，必须回到财经新闻页，才能浏览 IT 新闻 2。所以，有的站点为了免去返回一级页面的麻烦，将二级页面直接用新窗口打开，浏览结束后关闭即可。

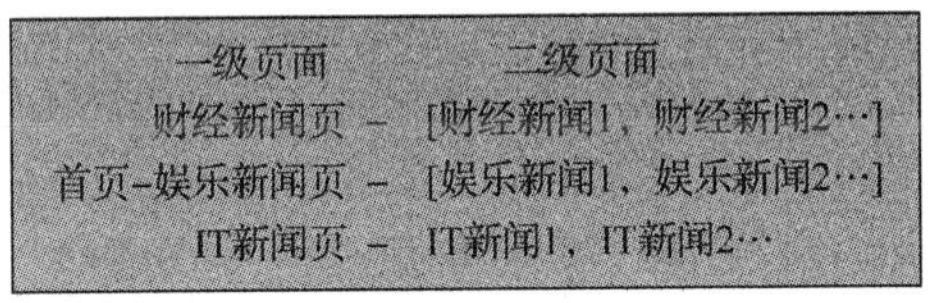

图 2-34　一个新闻站点的页面结构

小 提 示

例 2-3 用的是三级页面举例。如果站点内容庞大，分类明细，超过三级页面，那么建议在页面中显示导航条，这样，可以帮助浏览者明确自己所处的位置。导航条通常位于网站页面的顶部，如“您现在的位置是：首页—财经新闻—股市信息—深圳股”。

2.4　案例：阿里巴巴

2.4.1　企业背景

阿里巴巴集团的 logo 如图 2-35 所示。

图 2-35　阿里巴巴集团 logo

阿里巴巴网络技术有限公司（以下简称阿里巴巴）的中国总部位于浙江杭州，国际总部位于中国香港，是由马云在 1999 年创立的企业对企业（B2B）网上贸易市场平台。2003 年 5 月，马云投资 1 亿元人民币建立个人网上贸易市场平台——淘宝网。2004 年 10 月，阿里巴巴投资成立支付宝，面向中国电子商务市场推出基于中介的安全交易服务。2012 年 2 月，阿里巴巴宣布向旗下子公司上市公司提出私有化要约，回购价格为 13.5 港元。2014 年 9 月 19 日，阿里巴巴集团在纽约证券交易所正式挂牌上市，股票代码为“BABA”，创始人和董事局主席为马云。2016 年 4 月 6 日，阿里巴巴正式宣布成为全球最大的零售交易平台，2017 财年营收 1582 亿元人民币，净利润 578 亿元人民币；2018 财年营收 2503 亿元人民币，净利润 614 亿元人民币。2018 年 7 月 19 日，全球同步《财富》世界 500 强排行榜发布，阿里巴巴集团排名 300 位。2018 年 12 月，阿里巴巴入围 2018 世界品牌 500 强。2019 年 10 月，2019 福布斯全球数字经济 100 强榜位列 10 位。2019 年 10 月 23 日，2019《财富》未来 50

强榜单公布，阿里巴巴集团排名第 11。“一带一路”中国企业 100 强榜单排名第 5 位。11 月 16 日，胡润研究院发布《2019 胡润全球独角兽活跃投资机构百强榜》，阿里巴巴排名第 7 位。2019 年 12 月，阿里巴巴集团入选 2019 中国品牌强国盛典榜样 100 品牌。2020 年 1 月 11 日，鼠年春晚首次联排当日，阿里巴巴宣布其成为独家电商合作伙伴，并提供电商补贴。

2.4.2 案例详解

阿里巴巴经营多项业务，另外也从关联公司的业务和服务中取得经营商业生态系统上的支援。业务和关联公司的业务包括淘宝网、天猫、聚划算、全球速卖通、阿里巴巴国际交易市场、1688、阿里妈妈、阿里云、蚂蚁金服、菜鸟网络等。随着电子商务支撑服务业的完善，很多企业选择第三方电子商务平台作为他们发现商机、寻找买家、沟通交易、走出国门的重要途径，而阿里巴巴正是很好地适应了这种需求，得到了快速发展，多次被相关机构评为“全球最受欢迎的 B2B 网站”。本案例着重帮助学生了解和认知 B2B 电商平台的基本特点。

1. 阿里巴巴的形象宣传

阿里巴巴是目前国内，甚至全球最大的专门从事 B2B 业务的服务运营商。阿里巴巴的运行模式，概括起来即为注册会员提供贸易平台和资讯收发，使企业和企业通过网络做成生意、达成交易。服务的级别则按照收费的不同，针对目标企业的类型不同，由高到低、从粗至精阶梯分布。若要为阿里巴巴下一个定义，则为把一种贴着标有阿里巴巴品牌商标的资讯服务，贩卖给各类需要这种服务的中小企业、私营业主，为目标企业提供了传统线下贸易之外的一种全新的途径——网上贸易。阿里巴巴集团旗下批发网 1688 首页如图 2-36 所示。

图 2-36　1688 首页

2. 阿里巴巴的服务分类

功能上，阿里巴巴在对企业需求做了充分调研的基础上，将企业登录汇聚的信息整合、分类，形成网站独具特色的栏目，使企业用户获得有效的信息和服务。网站设置了导航，方便用户查找，如图 2-37 所示。

阿里巴巴为小众群体提供了个性化的选择机会，对需求量少的商品进行了精细的划分，从而延展了供销渠道。这种“无物不销，无时不售”的模式为消费者提供了无限制的多样性选择。相对于传统的人为界定的有限选择，这种无限制性的选择更侧重于从用户的需求出发，注重用户的体验。

3. 阿里巴巴的用户体验

阿里巴巴采用本土化的网站建设方式，针对不同国家采用当地的语言，简易可读，这种便利性和亲和力将各国市场有机地融为一体。以下为阿里巴巴已经建立的相互关联的网站。

1）英文的国际网站（https://www.alibaba.com）：面向全球商人提供专业服务。

2）简体中文的中国网站（https://www.1688.com）：主要为中国市场服务。

3）全球直采网站（https://chinese.alibaba.com）：为全球的华商服务。

4）韩文的韩国网站（https://kr.alibaba.com）：针对韩文用户服务。

5）日文的日本网站（https://japan.alibaba.com）：针对日文用户服务。

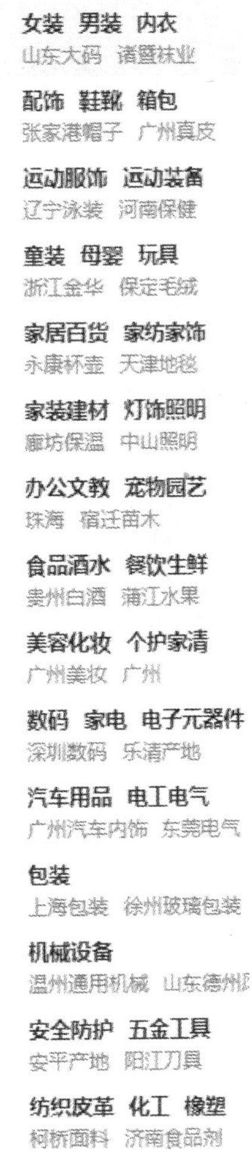

图 2-37　1688 网站导航

这些网站相互链接，内容相互交融，为会员提供一个整合一体的国际贸易平台，汇集全球 178 个国家（地区）的商业信息和个性化的商人社区，如图 2-38 所示。

此外，阿里巴巴商人社区及商业资讯频道的建立也为阿里巴巴注入了更多的活力，在提供大量商业资讯的同时，方便了用户交流沟通，使用户对网站更有黏性。

在网络诚信方面，阿里巴巴突出诚信目标，努力打造阿里巴巴信用体系平台。诚信通是阿里巴巴为从事中国国内贸易的中小企业推出的会员制网上贸易服务，主要用以解决网络贸易信用问题。诚信通的建立使用户之间的贸易沟通具有更高的可信度，帮助用户了解潜在用户的资信状况，找到真正的网上贸易伙伴；进行权威资信机构的认证，确认会员公司的合法性和联络人的业务身份，用业务伙伴的好评作为公司实力的最好证明，如图 2-39 所示。

图 2-38　1688 商人社区

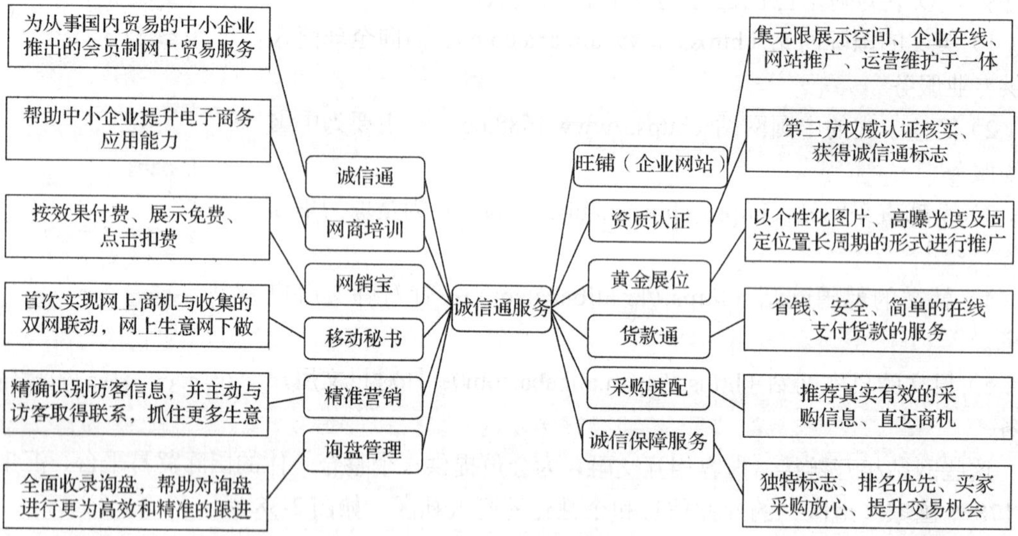

图 2-39　阿里巴巴诚信通服务

4. 阿里巴巴的网上支付功能

在线交易从询价的付款流程来看比较复杂，为了提供便捷的交易环境，阿里巴巴推出了众多商务工具，包括即时沟通的阿里旺旺、第三方支付平台（支付宝）等。阿里旺旺的介入，使用户之间能够即时在线沟通，接收买家和卖家资讯、洽谈生意，同时由支付宝提供的担保交易使交易支付更安全。

5. 阿里巴巴的经营模式

在起步阶段，网站放低会员准入门槛，以免费会员制吸引企业登录平台注册，从而汇聚商流，活跃市场，会员在浏览信息的同时也带来了源源不断的信息流并创造了无限商机。

6. 阿里巴巴的盈利模式

阿里巴巴的盈利项目主要有中国供应商、委托设计公司网站、网上推广项目和诚信通。网上推广项目是由邮件广告、旗帜广告、文字链接和模块广告组成的，邮件广告是指由网站每天向商人发送的最新商情特快邮件插播商家的广告；文字链接将广告置于文字链接中。

2.4.3　相关术语

1. B2B

B2B（business to business）是指网站进行的交易活动是在企业与企业之间进行的，即企业与企业之间通过网站进行产品或服务的经营活动。这里的网站通常是指通过第三方提供的平台，企业不需要为建立和维护网站付出费用，只需向第三方交付年费或每笔交易的费用即可。类似的平台有阿里巴巴、慧聪网、中国化工网、敦煌网等。对于中小型企业来讲，第三方平台无疑提供了一条实施电子商务的捷径。

2. 诚信通

诚信通是阿里巴巴为从事中国国内贸易的中小企业推出的会员制网上贸易服务，主要用以解决网络贸易信用问题，是指建立在阿里巴巴上的一个摊位，会员通过这个摊位可直接销售产品，并宣传企业和产品。

2.4.4　案例分析

阿里巴巴作为中国电子商务发展史上的一个神话，其成功的原因不仅仅在于马云过人的领导才能，更得力于其准确的市场定位及前瞻性。在 21 世纪的最初几年，中国电子商务迅速发展，阿里巴巴抓住了这一机会，成就了今天的业绩。一个错误就可以造成一个失败，但一个成功必然是许多成功的因素带来的。

1. 网站定位

阿里巴巴网站的目标是建立全球最大、最活跃的网上贸易市场，不同于早期互联网公司以技术为驱动的网络服务模式，它从一开始就有明确的商业模式和明确的市场定位，在发展初期专做信息流，绕开物流，前瞻性地观望资金流并在恰当的时候介入支付环节。运营模式是循序渐进的过程，依据中国电子商务界的发展状况来准确定位网站。首先抓基础，然后在过程中不断捕捉新的收入机会，从最基础的替企业架设站点，到随之而来的网站推广及对在线贸易资讯的辅助服务，交易本身的订单管理，不断延伸。其出色的盈利模式符合强有力、可持续、可拓展的特点。

2. 用户体验

1）页面与频道。阿里巴巴的网站风格与淘宝如出一辙，主题鲜明，版式、整体色调清新，分类简单、板块明确是整个网站的设计风格；其强大的搜索引擎及高级筛选功能成为用户搜索目标商家或买家的主要入口；强大的用户群体及其较强的用户黏性，与其商业资讯和商人社区所做出的贡献密不可分。

2）商品量与商家数。阿里巴巴作为全球最大的中小企业电子商务平台，汇集了国内外大量的中小企业。它们带来了数量众多、品种齐全的商品，也成为阿里巴巴网站增强黏性的巨大优势。阿里巴巴的卖家和买家是分不开的，很多企业都是以供应商及采购商双重身份出现在阿里巴巴平台上。买家可以利用网站寻找自己需要的商品，在这一过程中可以将自己喜欢的商品及公司加入收藏夹中，方便下次查看及购买。网站为买家提供了商机快递，买家可以设定自己需要商品的关键词，订阅有关商品的最新动态。此外，买家可以享受到进货单、导购资讯、物流服务、阿里贷款、找供应商及发布求购信息等方面的服务。

3. 诚信通

阿里巴巴突出诚信目标，努力打造阿里巴巴信用体系平台。诚信通是阿里巴巴为从事中国国内贸易的中小企业推出的会员制网上贸易服务，其会员优势包括：会员可随时查看阿里巴巴网上买家发布的求购信息和联系方式；享有集顶级域、无限空间展示、20GB 企业邮局、企业在线于一体的网站；在阿里巴巴网上交易平台发布的买卖信息排在普通会员之前；获得权威第三方认证机构核实资质，独享诚信标志；拥有自己的网上信用档案。

4. 网站不足

1）信息冗余。阿里巴巴虽然信息更新快，信息量大、真实，但大多是死信息，不能够主动引导企业，企业必须自己去寻找信息。尽管阿里巴巴每天会给网站会员发送商机速递，但是在大量冗杂的信息中，企业很难及时准确地筛选出有价值的信息，泛滥的垃圾邮件造成卖方与买方极度的反感。

2）用户过于庞大，往往不重视或忽略了个别小企业的基本服务。

3）诚信通的诚信问题。由于付费用户的快速增长，买家在搜索信息时靠前的信息常常都是诚信通用户的诚信问题。目前，阿里巴巴的诚信通认证仅仅对供应商的一些静态信息进行认证，如商家的工商注册信息、地址、联系人等，也发生过买家被诚信通用户诈骗的案例。相比国内买家，国外买家对于认证是高度信任的，如果这类案例时有发生，长此以往会严重影响阿里巴巴认证系统在国外买家心中的可信度。

思考与练习

一、简答题

1. 电子商务网站规划的内容和步骤有哪些？
2. 电子商务网站风格的设计应遵循哪些原则？
3. 电子商务网站的购物流程一般是怎样的？
4. 网站目录结构设计应注意哪些问题？
5. 常见的网站版面布局有哪几种？分别举例说明。
6. 对于一个营销型企业网站，有哪些方法可以让用户产生信任？又有哪些方法可以引导用户下订单，从而提高用户消费转化率？

二、选择题（含多选）

1. 电子商务网站的后台功能通常包括（　　）。
   A. 商品信息管理　　B. 订单管理　　C. 用户管理　　D. 权限管理
2. logo 是指（　　）。
   A. 广告条　　B. 导航栏　　C. 网站标志　　D. 公司名标
3. 网站项目的可行性研究包括（　　）。
   A. 经济可行性　　B. 技术可行性　　C. 社会环境　　D. 地理位置
4. 网站正文的字号一般设置为（　　）像素。
   A. 9　　B. 12　　C. 16　　D. 18
5. 网站的目录层次一般不超过（　　）层。
   A. 1　　B. 2　　C. 3　　D. 4

技 能 实 训

一、实训目的

1. 掌握电子商务网站规划的方法和步骤。
2. 掌握电子商务网站规划报告的撰写方法。
3. 了解网站的风格设计和版面布局。

二、实训内容

1. 浏览以下电子商务网站，分析各自的网站市场定位、竞争优势、网站内容规划、网站整体风格等。

1）慧聪网（https://www.hc360.com）。

2）乐淘（https://www.letao.com）。

3）土巴兔装修网（https://www.to8to.com）。

4）环球医药网（https://www.qgyyzs.net）。

5）中国化工网（http://www.china.chemnet.com）。

6）梦露时尚（http://www.menglu.com）。

7）学而思网校（http://www.xueersi.com）。

2．调研一家当地企业情况，并对该企业的电子商务网站内容进行规划与设计，完成一份网站前期规划报告。

规划大纲如下。

1）网站主题与建站目标。

2）网站的市场定位。

3）市场需求及目标用户分析。

4）竞争对手及各自的优势分析。

5）可行性分析。

第3章

电子商务网站的建设流程

知识目标

1）熟悉电子商务网站建设的基本流程。
2）了解网络域名的概念和申请流程。
3）掌握网络操作系统的使用方法。

能力目标

可以熟练完成网站域名申请、网络操作系统的基本操作和网站发布。

电子商务网站的域名选择宜短不宜长，因为域名是为了方便网民使用，若域名太长，一是不好记，二是难输入，所以域名最好不要长于8个字。

所选域名应有意义，Internet 发展到现在，域名资源中能用的好域名或自带意义的域名已经非常少，甚至可能没有了。要找自带意义的域名太难，我们只有选择另外一种方法——组合法。

域名应好写好记大众化。

3.1 域名的注册与备案

3.1.1 域名的概念

中华人民共和国工业和信息化部（以下简称工业和信息化部）2017 年公布的《互联网域名管理办法》对域名作了如下定义：互联网上识别和定位计算机的层次结构式的字符标识，与该计算机的 IP 地址相对应。

从技术上讲，域名只是 Internet 中用于解决地址对应问题的一种方法，可以说只是一个技术名词。但是，随着 Internet 在世界范围内的普遍使用，域名也自然地成为一个社会科学名词。电子商务应用的推广，又使企业注册域名成为时尚与必需。企业的域名也被商界誉为“企业的网上商标”，是企业进入 Internet 并与用户进行网络沟通与交流的唯一途径，是企业开展网上业务的公众形象和无形资产，也是企业迈入信息化社会、融入国际大市场、进行电子商务应用的标志，因而有着巨大的商业价值。

域名注册是企业建立网站、实现电子商务活动的基础，是在 Internet 上开展业务活动的第一步。要想在网上建立网站发布信息，必须首先注册自己的域名，只有有了自己的域名才能让别人访问自己的网站。没有独立域名而将主页放在别人的网站上，不仅影响网络环境下用户对企业的印象，而且也会给那些有意抢注别人域名者以可乘之机，还会使企业在今后难以拓展网络业务。所以，很多企业即使还没有建立网站也首先注册了域名。域名和商标有着潜移默化的联系，所以，许多企业在选择域名时，往往希望用和自己企业商标一致的域名。但是，域名在世界范围内是不可重复的，和商标相比具有更强的唯一性。域名注册采取“先到先服务，任何人都可以登记”的原则，因而导致很多著名企业的商标或名称被抢注。因此，企业都十分重视设计与注册自己的“网络商标”。

3.1.2 域名的格式

域名由若干个英文字母和数字组成，以点分隔成几个层次，从右到左依次为顶级域名、第二级域名、第三级域名等，如图 3-1 所示。例如，在域名 hzyjmx.com.cn 中，顶级域名为 cn，第二级域名为 com，最后一级域名为 hzyjmx。

第四级域名	.	第三级域名	.	第二级域名	.	顶级域名

图 3-1　域名的格式

顶级域名往往表示主机所属的国家、地区或网络性质的代码，如中国（cn）、英国（uk）、俄罗斯（ru）、商业组织（com）等。

3.1.3 中国互联网域名体系

中国互联网域名体系如下。

1）我国互联网域名体系中各级域名可以由字母（A～Z、a～z，大小写等效）、数字（0～

9)、连接符(-)或汉字组成，各级域名之间用实点(.)连接，中文域名的各级域名之间用实点或中文句号(。)连接。

2）我国互联网域名体系在国家顶级域名“.cn”“.中国”之外，设有多个英文和中文顶级域名，其中“.政务”“.公益”顶级域名为面向我国党政群机关等各级政务部门及非营利性机构的专用中文顶级域名。

3）国家顶级域名“.cn”之下，设置“类别域名”和“行政区域名”两类英文二级域名。

4）在国家顶级域名“.cn”下可以直接申请注册二级域名。

5）任何组织或个人不得采取任何手段妨碍我国境内互联网域名系统的正常运行。

类别域名及适用领域如表 3-1 所示。

表 3-1 类别域名及适用领域

类别域名	适用领域	类别域名	适用领域
ac	科研机构	gov	政府机构
com	工、商、金融等企业	mil	军事机构
edu	教育机构	net	提供互联网络服务的机构
org	非营利性组织		

3.1.4 域名的注册

(1) 域名注册的原则

域名注册服务遵循“先申请先注册”的原则。

(2) 域名注册时禁止的内容

任何组织或个人注册和使用的域名中，不得含有下列内容。

1）反对宪法所确定的基本原则的。

2）危害国家安全，泄露国家秘密，颠覆国家政权，破坏国家统一的。

3）损害国家荣誉和利益的。

4）煽动民族仇恨、民族歧视，破坏民族团结的。

5）破坏国家宗教政策，宣扬邪教和封建迷信的。

6）散布谣言，扰乱社会秩序，破坏社会稳定的。

7）散布淫秽、色情、赌博、暴力、凶杀、恐怖或教唆犯罪的。

8）侮辱或诽谤他人，侵害他人合法权益的。

9）含有法律、行政法规禁止的其他内容的。

(3) 域名注册的具体方法

现在许多网站受理域名注册业务，输入选定的域名后，如果网站提示“您所申请的域名已经被注册，请更换为其他域名”或类似信息，则必须更换域名后再进行查询。域名注册一般有如下步骤。

1）查询选择域名。

2）用户资料确认。

3）购物订单确认。

4）域名注册成功。

缴纳一定的域名注册费用后，即可开通网站。

3.1.5 域名备案

1. 域名备案的概念

域名备案是指针对有网站的域名到中华人民共和国工业和信息化部提交网站的相关信息，其目的是防止在网上从事非法的网站经营活动，打击不良 Internet 信息的传播。

2. 经营性的 Internet 信息服务与非经营性的 Internet 信息服务

经营性 Internet 信息服务是指通过 Internet 向上网用户有偿提供信息或网页制作等服务活动。

非经营性 Internet 信息服务是指通过 Internet 向上网用户无偿提供具有公开性、共享性信息的服务活动。

3. 非经营性 Internet 信息服务报备流程

1）登录工业和信息化部备案网站。

2）ICP 注册。

3）输入手机、电子邮件验证码。

4）录入备案信息。

5）将备案编号和电子证书安放在规定的位置。

6）个人网站站长备案须当面检验拍照。

4. 前置审批手续

根据《互联网信息服务管理办法》（国务院第 292 号令）第五条等有关规定，从事新闻、出版、教育、医疗保健、药品和医疗器械等互联网信息服务，依照法律、行政法规及国家有关规定须经有关主管部门审核同意的，在申请经营许可或履行备案手续前，应当依法经有关主管部门审核同意。

5. 电子证书的安装

1）将备案证书文件 bazx.cert 放到网站网址 cert/目录下。该文件必须可以通过地址“http://网站域名/cert/bazs.cert”访问。

2）将备案号/经营许可证号显示在网站首页底部的中间位置。

3）在网站的页面下方已放好的备案号的位置做一个超链接，链接到中华人民共和国工业和信息化部备案网站：http://www.miit.gov.cn。

3.2 域 名 申 请

1. 域名的基本类型

域名分为两种，一种是国际域名，也称国际顶级域名，是使用最早、最广泛的域名。例如，表示工商企业的为.com，表示网络提供商的为.net，表示非营利组织的为.org 等。为解决域名资源的紧张，Internet 协会等国际组织经过广泛协商，在原来 3 个国际通用顶级域名（.com、.net、.org）的基础上，新增了.firm、.info 等 7 个国际通用顶级域名。另一种是国内域名，又称为国内顶级域名，即按照国家的不同分配不同的后缀，这些域名即为该国的国内顶级域名。目前二百多个国家和地区都按照 ISO 3166 国家代码分配了顶级域名，如中国是.cn、美国是.us、日本是.jp 等。

在实际使用中，国际域名与国内域名没有任何区别，都是 Internet 上的具有唯一性的标志。只是在最终管理机构上，国际域名由美国商业部授权的互联网名称与数字地址分配机构（The Internet Corporation for Assigned Names and Numbers，ICANN）负责注册和管理；而国内域名系统则由中国互联网络信息中心（China Internet Network Information Center，CNNIC）负责运行和管理，注册则由 CNNIC 认证的域名注册服务机构提供。

我国在国际互联网络信息中心（InterNIC）正式注册并运行的顶级域名是.cn，这也是我国的顶级域名。在顶级域名之下，我国的二级域名又分为类别域名和行政区域名两类。类别域名共 7 个，包括用于科研机构的.ac，用于工、商、金融企业的.com，用于教育机构的.edu，用于政府部门的.gov，用于互联网络信息中心和运行中心的.net，用于国防机构的.mil，以及用于非营利组织的.org。而行政区域名有 34 个，分别对应于我国各省、自治区、直辖市和特别行政区。

2. 域名的命名规则

由于 Internet 上的各级域名分别由不同机构管理，因此各个机构管理域名的方式和域名命名的规则也有所不同。但域名的命名也有一些共同的规则，主要有以下几点。

1）只提供英文字母 a～z（不区分大小写）、数字（0～9）及“-”（英文中的连字符，即中横线），不能使用空格及特殊字符（如!、$、&、?等）。

2）“-”不能用作开头和结尾。

3）长度有一定的限制，如中国万维网规定不能超过 63 个字符。

4）不得含有危害国家及政府的文字。

3. 域名的选择

假设某一个企业网站名已经确定了，那么，域名该如何选择呢？

首先，可考虑直接使用网站名（或企业名）拼音的方式，这种方式简单易记，最受欢迎。

具体方式包含以下几种。

1）直接采用网站名的拼音。这是绝大多数人容易想到的，如淘宝（taobao）、优酷（youku）、百度（baidu）。

2）采用网站名中的前两字或后两字，如 xici（西祠胡同）、hongxiu（红袖添香）。

3）采用网站名的缩略拼音，这个方式往往取网站名的首字母，如 xxsy（潇湘书院）。

4）由网站名衍生意义，如 ctrip（携程）、love21cn（世纪佳缘）。

其次，还可以站在网站优化角度，在域名中包含关键词或与行业相关的词，对网站优化排名有一定的帮助。例如，某网络公司的业务是做网站 SEO（search engine optimization，搜索引擎优化），那么选择域名时可以是 xx+seo 的形式，用户看到这样的域名后可以轻易地看出来网站所从事的行业。

最后，如果简短好记的域名和网站名的拼音注册都已经注册不到，那么还可以从意义和品牌塑造的角度来挖掘。因为品牌往往需要独特独创、经得起回味和咀嚼，如 Google。

域名是企业品牌建设的重要部分，随着时间推移，域名价值会越加凸显，因为域名一旦确定下来后会纳入网站整体推广中，后期变更成本会变得很大。好的域名会提升企业形象，不好的域名会增加推广成本，所以域名选择一定要慎重。

一般来讲，企业域名选择有“五忌”。

1）忌域名过长：域名过长使人难以记忆、难以输入且不利于建设，一般为 4～8 个字母为宜。

2）忌加中划线：若域名中有中划线，会显得过于草率，不利于品牌推广、CI 建设，很少有大企业的站点选择带有中划线的域名。

3）忌字母、数字混杂：域名中若有字母和数字，同样会有明显的草率之感，且不利于输入。

4）忌随意自创英文：这样很容易会造成外国人看不懂、读不顺，中国人更觉得莫名其妙的局面。

5）忌随便用用，随便选择的心态。

4. 域名申请的步骤

1）准备申请资料：com 域名目前无须提供身份证、营业执照等资料，cn 域名目前个人注册需要提供身份证正、反面扫描件，企业申请则需要提供企业营业执照。

2）寻找域名注册商：推荐谷谷互联，由于.com、.cn 域名等不同扩展名均由不同注册管理机构管理，如要注册不同扩展名域名则需要从注册管理机构寻找经过其授权的顶级域名注册服务机构，如 com 域名的管理机构为 ICANN，.cn 域名的管理机构为 CNNIC。若注册商已经通过 ICANN 和 CNNIC 双重认证，则无须分别到其他注册服务机构申请域名。

3）查询域名：在注册商网站查询并选择要注册的域名后，注册即可。

4）正式注册：查到想要注册的域名，并确认域名为可申请的状态后，提交注册，并缴纳年费。

5）注册成功：正式申请成功后，即可开始进入 DNS 解析管理、设置解析记录等操作。

3.3　电子商务网站的软件平台搭建

完成域名注册和服务器的选择后，接下来需要解决的是电子商务网站应选择一个什么样的软件平台？是用 UNIX、Linux 还是 Windows server 2012？是采用 ASP、PHP 还是 JSP？这就需要具体分析企业的功能需求和性能需求，如稳定性、速度和安全性等，还要计算投入的成本及可能取得的收益。要解决这些问题，首先要了解电子商务网站的运营平台所需要的软件系统，包括操作系统、服务器软件和数据库软件等。下面分别简要介绍这些软件的特点及使用情况。

3.3.1　网络操作系统

目前流行的能用于电子商务网站的操作系统主要有 3 类。

1. UNIX

UNIX 是一个功能强大、性能全面的多用户、多任务操作系统，可以应用于从巨型计算机到普通 PC（personal computer，个人计算机）等多种平台上，是应用面最广、影响力最大的操作系统。

UNIX 操作系统具有以下特点。

1）多任务、多用户。

2）可靠性高。

3）面向数据库应用。

4）功能强大的 Shell。

5）强大的网络支持。

6）系统源代码用 C 语言写成，移植性强。

7）开放性好。

2. Linux

Linux 是一种外观和性能与 UNIX 相同的操作系统，但 Linux 不源于任何版本的 UNIX 源代码，而是一个类似于 UNIX 的产品。Linux 产品成功地模仿了 UNIX 操作系统及其功能。

Linux 操作系统具有以下特点。

1）多任务、多用户。

2）源码公开。

3）广泛的硬件支持，易于移植。

4）安全性及可靠性好，内核高效稳定。

5）强大的网络功能。

3. Windows Server 2012

Windows Server 2012 是一个多任务操作系统，能够按照用户的需要，以集中或分布的方式处理各种服务器角色。Windows Server 2012 具有可靠性、实用性和安全性等特点，这使其成为高度可靠的平台。

Windows Server 2012 具有以下特点。

1）高可靠性：提供具有基本价值的 IT 架构，包括一个兼具内置的、传统的应用服务器功能和广泛的操作系统功能的应用系统平台，集成了信息工作基础架构，从而保护商业信息的安全，并确保能够访问这些商业信息。

2）高效性：提供灵活易用的工具，使人们的设计和部署与组织及网络的要求相匹配。

3）连接性：提供集成的 Web 服务器 IIS 和流媒体服务器，可帮助快速、轻松和安全地创建动态 Intranet 和 Internet Web 站点。

4）提供内置的服务，可帮助人们轻松地开发、部署和管理 XMLWeb 服务。

5）提供多种工具，使人们得以将 XMLWeb 服务与内部应用程序、供应商和合作伙伴连接起来。

3.3.2 Web 服务器软件

Web 服务器也称为 WWW（world wide web，万维网）服务器，主要提供网上信息浏览服务。Web 服务器软件作为驻留于服务器上的程序，通过 Web 浏览器与用户实现交互。Web 服务器软件的种类繁多，下面介绍几种常用的 Web 服务器软件。

1. IIS

IIS 作为当今流行的 Web 服务器软件之一，提供了强大的 Internet 和 Intranet 服务功能。IIS 是随 Windows 2000/Windows Server 2003 一起提供的文件和应用程序服务器，与 Windows 2000/Windows Server 2003 完全集成，可以建立强大、灵活的 Internet/Intranet 站点。IIS 是一种 Web（网页）服务组件，其中包括 Web 服务器、FTP 服务器、NNTP（network news transfer protocol，网络新闻传输协议）服务器和 SMTP（simple mail transfer protocol，简单邮件传输协议）服务器，分别用于网页浏览、文件传输、新闻服务和邮件发送等方面，它使在网络（包括 Internet 和局域网）上发布信息成了一件很容易的事。

需要说明的是，Windows XP Professional（专业版）、Windows 7 Professional（专业版）、Windows 7 Ultimate（旗舰版）也都集成了 IIS。

2. Apache

Apache 是世界上使用排名第一的 Web 服务器软件。它可以运行在大多数广泛使用的计算机平台上，由于其跨平台和安全性而被广泛使用，是较流行的 Web 服务器端软件之一。

Apache 可运行在 Linux、UNIX、Windows 等操作系统下。Apache 支持许多特性，大部分通过编译的模块实现。这些特性包括从服务器端的编程语言支持到身份认证方案。一些通用的语言接口支持 Perl、Python、Tcl 和 PHP。

3. Tomcat

Tomcat 是一个轻量级应用服务器，普遍应用于中小型系统和并发访问用户不是很多的场合下，是开发和调试 JSP 程序的首选。当在一台机器上配置好 Apache 服务器后，可利用它响应对 HTML 页面的访问请求。实际上 Tomcat 部分是 Apache 服务器的扩展，当运行 Tomcat 时，它实际上是作为一个独立于 Apache 的进程单独运行的。

4. Web 平台常见的几种搭配方式

选择 Web 服务器软件时，不仅要根据企业自身实际情况考虑当前的需要，还要兼顾网站发展的需要，同时还要与操作系统、数据库系统联系起来考虑。下面是 Web 平台常见的几种搭配方式。

1）Windows Server 2012+IIS+ASP+SQL Server。

2）Windows Server 2012+IIS+ASP.NET+SQL Server。

3）Windows Server 2012+IIS+PHP+SQL Server。

4）Linux+Apache+PHP+My SQL。

5）Linux+Apache+JSP+SQL Server。

3.4　电子商务网站的发布

1. 网站的发布

网站发布，也称网站的上传，一般是通过 FTP 软件，以远程文件上传方式将网站上传到服务器空间。

2. 上传工具

上传工具软件有很多，既可以利用 Dreamweaver 自带的上传工具，也可利用专用的 FTP 工具。目前常用的 FTP 工具主要有 3 种：LeapFTP、CuteFTP 和 FlashFXP。

LeapFTP 是一个非常好用的 FTP 工具，具有友好的用户界面、稳定的传输速度，支持断点续传和整个目录的上传、下载，可以轻松地完成上传和下载任务。下面介绍 LeapFTP 软件的使用。

（1）LeapFTP 主界面

安装之后可直接在“开始”菜单中运行 LeapFTP。LeapFTP 的用户界面共有 4 个区域，分别是本地目录窗口、远程目录窗口、队列窗口和状态窗口。

（2）添加站点

要使用 FTP 工具来上传（下载）文件，首先必须设定好 FTP 服务器的网址（IP 地址）、授权访问的用户名及密码。

选择“站点→站点管理器”命令，打开“站点管理器”对话框，详细步骤如下。

1）单击“添加站点”按钮，输入站点的名称（它只是对 FTP 站点的一个说明）。

2）按照界面所示，分别输入 IP 地址（FTP 服务器所拥有的 IP）、用户名和密码（由 ISP 运营商或管理员提供）。另外，在没有特别要求的情况下，就使用默认的端口号 21，不必再进行改变。

3）设置远程及本地路径，远程路径其实就是连上 FTP 服务后默认打开的目录；而本地路径就是每次进入 FTP 软件后默认显示的本地文件目录（也可以不设置远程及本地路径，系统将会使用默认路径）。

4）连接上传。

① 连接。通过上面的设置之后即可连接 FTP 服务器上传文件了。单击工具栏下方的“连接”按钮，稍等片刻，即可连接上 FTP 服务器。

② 上传。不仅可以传输单个文件，还可以传输多个文件，甚至整个目录，LeapFTP 主要提供了以下 5 种方法。

a．选中所要传输的文件或目录，直接拖放到右侧目标目录中即可。

b．选中所要传输的文件或目录右击，在弹出的快捷菜单中选择“传输”命令即可。

c．双击想要传输的文件即可（但要先在选项中进行设置）。

d．选中所要传输的文件或目录，选择“命令→上传”命令即可。

e．将选中的文件或文件夹拖动到队列窗口中，然后右击，在弹出的快捷菜单中选择的“传输”命令进行传输。

思考与练习

一、简答题

1．简述域名备案的意义。

2．简述 Web 软件平台常见的几种搭配方式。

3．上传工具软件有哪些？

二、选择题

1．下列关于网站命名的表述，错误的是（　　）。

A．域名是企业在网络上的地址体现

B．域名相当于在网上的一种企业商标

C．原则上域名的选择可随意

D．网络上可能存在两个相同的域名

2．下列不属于域名的是（　　）。

A．www.cctv.com　　B．www.business.utsa.edu

C．www.ecard.com./love/flash　　D．www.263.net

3．“国际组织”的一级域名为（　　）。

A．.bil　　B．.org　　C．.us　　D．.int

技能实训

一、实训目的

1. 掌握域名申请的方法和步骤。
2. 掌握上传工具 LeapFTP 软件的使用方法。

二、实训内容

1. 为某一个企业尝试设计一个有意义的域名，然后到 CNNIC 进行域名查询，看其是否已被人注册。如果没有注册，选择一家域名注册服务机构申请注册。

2. 收集以下几家虚拟主机提供商的资料，比较其提供的服务和收费情况。

1）中国万网（https://wanwang.aliyan.com）。

2）新网（http://www.xinnet.com）。

3）中资源（https://www.zzy.cn）。

4）西部数码（https://www.west.cn）。

5）商务中国（http://www.bizcn.cn）。

3. 通过搜索引擎查询提供免费空间服务的网站，并进行申请，记录下 FTP 用户名和密码等信息，下载 LeapFTP 软件进行练习，尝试上传一些文件到免费空间。

说明：由于免费空间不稳定，如有条件，可申请价格稍低的虚拟主机开展实训。

第4章

电子商务网站建设的基本技术

知识目标

1）了解网页开发技术，了解EDI（electronic data interchange，电子数据交换）的应用及搜索引擎和全文搜索引擎技术。

2）掌握电子商务网站的开发技术，掌握工具的使用方法及网络数据库技术。

能力目标

具备利用Internet建立Web数据库的能力。

由于电子商务网站需要不断地更新自己的网站内容，改版内容较为频繁，并且具有多变性、实时性，所以电子商务类网站适合选用定制开发建站。因为模板网站和快速建站的样式都无法支持二次开发，而且改版较为复杂；而定制开发网站建设完全可以根据行业实时动态进行个性化开发和改版，完全符合电子商务类企业要求和客户需求。

4.1　网页开发技术

IT 技术的发展促进了许多网页开发技术的产生，如第一代 Web 开发语言 HTML、第二代 Web 开发语言 DHTML（动态 HTML）、动态脚本语言 JavaScript 和 VBScript 及 Perl、PHP、JSP、ASP 等服务器端的 Web 动态编程语言等。网页开发技术层出不穷，本节着重介绍静态网页的一些常用的、基本的开发技术。

4.1.1　HTML

目前 Web 上的绝大多数文件是用 HTML 来编写的，HTML 是网页制作的基础，它是网页开发中使用的最基本语言。

1. HTML 概述

HTML 最早来源于 SGML（standard general markup language，标准通用标记语言），是 SGML 的一个严格定义的子集，也是 SGML 的一个应用实例。也就是说，HTML 只有一个标签集，而 SGML 提供了创建任何想要的标签集的能力。HTML 是一种简单的、基于文体的语言，它使用一系列代码语言控制符——标记，创建可被浏览器解释的文件，它不是一种真正的计算机语言，而是一种描述性语言。

用语法规则编写的 HTML 文件可以运行在不同的操作系统平台上，不需要进行编译就能执行，它是靠运行它的浏览器解释执行的。HTML 文件从本质上来说是文本文件，只不过在其中加入了用以表示格式化和超链接的超文本标记语言。HTML 使制作网页变得很容易，原则上任何文本编辑器都可用作 HTML 文件的编辑器，如 Word。但是专业的 HTML 编辑工具软件（Microsoft FrontPage、Dreamweaver）的“所见即所得”功能使网页制作更为简单化，这些编辑工具不需要网页制作人员记住 HTML 的专用标记和语言规则，通过可视化的界面操作就可以制作出网页。

2. HTML 的作用

HTML 之所以能被成千上万个站点采用是因为它非常简单。作为一种网页编辑语言，它易学易懂，能制作出精美的网页效果，且有以下特征。

1）格式化文本：如设置标题、字体、字号、颜色，设置文本的段落、对齐方式等。

2）建立超链接：通过超链接检索网页，只需用鼠标单击超链接，就可以到达任何一处相关信息，还可以获得其他不同形态的服务。

3）插入图像：可以实现网页图文并茂，还可以设置图像的各种属性，如大小、边框、布局等。

4）建立表格：表格可以将文本、图片等网页数据按行、列排列，以利于用户快速找到信息，还可以用来设定整个网页的布局，使整个页面更规则地放置图片、文字等数据，使网页条目清晰。

5）加入多媒体数据：可以在网页中加入音频、视频、动画等多媒体数据，还能设定播放的时间和次数。

6）提供交互式表单：标准的HTML允许开发者生成有限的交互表单页面，如我们通常可以在HTML文件中看到用于信息检索、订购产品的输入页面上，通过诸如<INPUT>标记生成的包含有文本框、复选框、单选按钮和命令按钮等控件的数据表单。

3. HTML的不足

由于电子商务、数字图书馆、远程教育等全新领域异军突起，并逐渐成为Internet世界必不可少且越发重要的组成部分，随之而来的是Web文件的复杂化、多样化和智能化，于是高容量、高信息量、高效率便成为网络信息传递技术发展的追求。与此同时，还有另一种需求变得越发广泛而迫切，那便是同样的数据能否根据不同的需求而以不同的效果、不同的形式表达再现出来，而这一切是HTML所不能满足的。总结起来，HTML的不足主要体现在以下几个方面：①HTML难以扩展；②HTML交互性差；③HTML语义性差；④单向的超链接；⑤HTML缺乏对双字节或多国文字的支持。

一方面，作为第一代Web语言的HTML对Web发展功不可没，网上交流、网上查询、网上购物等活动的基础就是HTML。但随着Web应用的日益广泛和电子商务的发展，HTML固有的局限性开始表现出来，它过于简单的语法严重地阻碍了用它来表现复杂的形式，尽管HTML推出了一个又一个新版本，已经有了脚本、表格等表达功能，但始终满足不了不断增长的需求。另一方面，这几年来计算机技术的发展也十分迅猛，可以实现比当初发明HTML时复杂得多的Web浏览器，人们已经开始研究能改进或替代HTML的Web页面制作语言。其中，最有成效的并已初步投入使用的有XML（extensible markup language，可扩展标记语言）、CSS、DHTML。这些语言从不同的角度解决了HTML存在的问题：XML有利于信息的表达和结构化组织，从而使数据搜索更加有效；CSS解决Web页面的继承和显示的问题；DHTML则主要用于Web页的动态显示。

4.1.2 DHTML

制作网页的人都想让网页能“精美动人”，靠添加精美的图片确实能增色不少，但在传输和下载过程中会使访问者因传输速率太慢而失去耐心，而DHTML则能制作出很好的动态网页。

经常上网的朋友一定有过这样的体验：当打开某个网页时，一张可爱的图片从左下角徐徐升起，优美极了；或者单击某个图片后它突然向下坠落。此时你一定啧啧称奇，这就是DHTML制作的动态网页。

DHTML是微软公司对HTML 3.0版本的增强，是HTML的一种扩展和延伸，它是在HTML的基础上加入一些特定的标签来创建一些特殊的对象，其最出色的就是DHTML中“层”这个对象。“层”由普通的HTML的内容构成，即相关的HTML内容都可定义为一个“层”。每个“层”都相互独立，可放在网页中的任何位置上，并可设置为“可见”或“不可见”，然后与一定的脚本语言（如JavaScript）相互结合运用，便可创建出如逐字移出网页的文本和网页间旋转变换等各种有趣的效果。目前，高版本的浏览器都支持DHTML。

4.1.3　XML

HTML 是通过一些标记来定义文档内容在浏览器上的显示形式，它只描述了浏览器应当如何在页面上布置文字、图形和按钮，并没有对最为重要的信息本身的含义进行描述，作为一种简单的描述性语言，它只能显示内容而无法表达数据，而这一点恰恰是智能搜索引擎和电子商务所必需的。例如，电子商务中利用某一程序可将网上在线购物商店中的某本书的最新价格取回来，那么它怎么知道哪种 HTML 标记的数字就是要取的书价呢？又例如，<B>Apple</B>这一 HTML 标记，实际上是要在浏览器中用粗体来显示 Apple，但 Apple 到底是真正的苹果呢，还是表示 Apple 计算机呢？这些问题表明 HTML 不能揭示文件中信息的含义。在网上购物时，如果要对订单中的数目和送货方式进行修改，就必须让远程服务器重发一份新网页，因为它只知道处理类似于<H1>文字</H1>这样的标记，却不知道如何处理价格及选择送货方式。

1. XML 的概念

W3C（World Wide Web Consortium，万维网协会）组织 1998 年 2 月发布的 XML，以其良好的可扩展性，受到业界的普遍欢迎和支持。然后在不到两年的发展过程中，已经确立了其在 Web 应用领域数据标准的主流地位，研究、推广、开发、应用 XML 已经成为业界发展的主流趋势。XML 并不是一个独立的、预定义的、单纯的标记语言，它是一种元语言，可以被用来定义任何一种新的标记语言，用来定义各种不同的文件类别。它有别于 HTML 那种单一的格式及固定的语法，而要让用户在 WWW 上制作页面时，能够根据自己的需要灵活而又容易地添加新的标记，同时又不破坏标记语言格式的统一性。

W3C 组织制定 XML 标准的初衷是要定义一种 Internet 上交换数据的标准。W3C 采取了简化 SGML 的策略，在 SGML 的基础上，去掉语法定义部分，适当简化 DTD（document type definition，文件类型定义）部分，并增加了部分 Internet 的特殊成分。因此，XML 也是一种标记语言，是 SGML 的一个子集。

HTML 与 XML 二者相互之间并不是竞争关系，而是互相补充的关系。各种浏览器都能够处理这两种语言，而且现在的 HTML 标准已经允许在同一文档中混合使用 HTML 和 XML。

W3C 对 XML 是这样定义的：XML 描述了一类被称为 XML 文档的数据对象，并部分描述了处理它们的计算机程序的行为。简单地说，XML 是文档的一种数字表示方式，这里的文档可以是百科全书，也可以是一封电子邮件，或者是一则天气预报、一张电子商务的交易单等。在上面的例子中，对订单的描述不再是按 HTML 提供的字、节、行、列来标注，而是按价格、尺寸、数量和颜色等性质来定义，程序即可认出这是一张订单，并可按不同用户的要求分别处理，即是以 PC 方式显示还是在手机上显示，或者将其存入数据库中还是显示一幅样品图片。

2. XML 的构成

XML 主要有 3 个要素，即 Schema（模式）、XSL（extensible stylesheet language，可扩展样式语言）和 XLL（extensible link language，可扩展链接语言）。Schema 规定了 XML 文

档的逻辑结构，定义了 XML 文档中的元素、元素的属性及元素与元素属性之间的关系，它能帮助 XML 的解析器校验 XML 文档标记的合法性。XSL 是一种显示 XML 文件的规范，XSL 处理器按 XSL 样式表指示读取 XML 文件中的信息，重组转换产生一个 HTML 文件。XLL 则是进一步扩展了当前 Web 上已有的简单链接，提供了文档间链接的新方法，这种链接可到达文档的任何位置，也可以是多方向的链接。

下面举例来说明 XML 如何利用自己创建的标记来描述数据库对象。

例如，书名、价格、作者等。

```
<?XML version="1.0".encoding="gb2312?">
  <参考文献>
  <书籍>
        <名称>电子商务概论</名称>
        <!--此书即将出版-->
        <作者>佚名</作者>
      <价格 货币单位="人民币">20.00</价格>
   </书籍>
   </参考文献>
```

上例是一个典型的 XML 文件，存盘后其扩展名为 xml。文档中必须至少包含一个元素（或标记），且必须是严格“结构化”的。例中第一行为 XML 的文档说明，表明这是一个 XML 文档。该 XML 文件所用的标准的版本号为 1.0，encoding 指明该 XML 文件中所使用的字符类型为 GB 2312—1980《信息交换用汉字编码字符集 基本集》。在此文件的前面不得有其他任何元素或注释。

例中的<参考文献>和</参考文献>分别表示文件主体的开始和结束，称为文件的根元素，在 XML 文件中有且只能有一个根元素。<书籍>是根元素下的子元素，而<书籍>之下又有<名称><作者><价格>等子元素。货币单位则是<价格>元素中的一个属性，“人民币”则是其属性值。由此我们可知，XML 也是基于文本的标记语言。用标记（一对尖括号）来表示数据，但这里的标记必须成对使用，即<名称>标记表示开始，与之对应要有</名称>标记表示结束。这些标记也必须以规则性的次序出现，不得交叉。例如，HTML 中<B>和<H>的交叉在 XML 中是不允许的。属性值（如 1.0、gb2312、人民币等）都需要用双引号括起来，不得遗漏。对标记英文则需要区分大小写，如 HTML 中<B>和<b>表示是一样的，在 XML 中<name><NAME>和<Name>是不同的。<!--此书即将出版-->是一句注释，在 XML 中，注释部分放于<!--与-->标记之间。

由此例可以看出，XML 文件相当简单，这些标记完全是人们自定义的标记，都具有明确的含义。

那么此例内容在浏览器中如何显示呢？用 IE 浏览器浏览，我们会看到和此例中标记的代码一行一行地相对应，尖括号组成的标记也将一一再现，与源文件没有区别。在 XML 中内容与表现形式是分开的，XML 文件中并没有关于它表现形成的信息，其最大的特点是揭示了信息本身的含义。W3C 对 XML 的显示给出了两种样式标准，即 CSS 和 XSL。使用独立样式制定文件的显示格式好处在于，对于同一个 XML 文件，可以按不同的应用场合制订不同的显示格式风格，使数据更合理、更有针对性地显示出来，提高了数据的重用性。因此，对此例只要用 CSS 或 XSL 编制出相应的显示文件就可以按需要输出不同风格形式的显示效果了。甚至对同一个 XML 文件，编辑几个 CSS 或 XSL 文件就可用于不同的场合，或者在同一个场合隔段时间后就更换一下，而这只需在 XML 文件的前面改变 URL（uniform resource locator，统一资源定位地址）指定的 CSS 文件即可。

Microsoft Office XP 中已广泛支持 XML，“另存为 XML 格式”的实现，标志着 XML 已成为 21 世纪的“世界语”了。

3. XML 的应用范围及优越性

（1）XML 的应用范围

XML 是一种网络标准，能够简化 Internet 和企业网上的数据交换，其良好的数据存储格式、可扩展性、高度结构化和便于网络传输的 4 个主要特点决定了其卓越的性能表现。目前，XML 可以在电子商务、政府文档、报表、司法、出版、协会、CAD（computer aided design，计算机辅助设计）、CAM（computer aided manufacturing，计算机辅助制造）、保险机构、厂商和中介组织信息交换等领域中一展身手，根据不同的系统和厂商提供不同的独立解决方案。

总的来说，能驱动 XML 被广泛接受的应用是在 HTML 的限制下难以实现的那些应用。按照 XML 工作组的看法，XML 的应用范围可分为 4 类：①适应客户需要与不同的数据源进行交互时的应用；②希望将 Web 服务器的大量处理负荷转移给 Web 客户机的应用；③要求 Web 客户机把同一数据以不同的表现方式提供给不同用户的应用；④适应特定用户需求的智能 Web 工具应用。

（2）XML 应用的优越性

由于 HTML 存在难以扩展、交互性差、语义性差等缺点，其在电子数据交换、数据库和搜索引擎等领域的应用存在着障碍，而 XML 的出现就是为了解决这些问题。因此，XML 的优越性也主要体现在解决 HTML 存在的不足，归纳为以下几个方面：①异质系统间的通信；②更有意义和更准确的搜索；③开发灵活的 Web 应用软件；④集成不同来源的数据；⑤进行数据的本地计算和处理；⑥数据的多样显示；⑦数据状态的更新。

4. XML 在企业电子商务中的应用

XML 有利于数据交换和传递的特性，为电子商务，尤其是 B2B 带来了革命性的变化。电子商务中的信用证、保险单、索赔及发票等各种不同类型的单据均可用 XML 来描述，结构化的 XML 文档开发的 Web 数据也可被数字加密，也很容易实现数字签名。

（1）应用于电子商务内容定义

由 500 个成员组成的非营利性网上商务协会 CommerceNet 正在定义通用于多种商业事务的数据元素。这个称为 CommerceCore 的规范将定义如何给诸如公司名称、地址、价格、条款和数量等事物做标记。XML 所采用的标准技术最适合 Web 开发，应用于 Internet EDI，则可以得到真正 Web 风格的 EDI-XMUEDI。XML 支持结构化的数据，可以更详细地定义某个数据对象的数据结构。例如，描述产品，详细定义该产品的生产厂、产品名、产品号、产地等信息，这种定义不仅为标记该产品提供方便，而且这种 XML 数据很容易按生产厂家、产品名等排序，使用户的查询变得更方便。如果出现某些商业规则的例外，如销售商想在订购单中增加注释，只要采用 XML，销售商就可以在指定的数据放入文档之后加入注释，解决了以前固定格式的困难。

（2）应用于电子商务信息交换

开放的、基于文本的 XML 非常适用于服务器之间交换事务信息。用户可使用 XML 的可扩展性，定义自己的标记结构来描述自己的数据，而不必拘泥于一个统一而繁琐的 EDI 框架。

XML 的统一性保证了交换的方便，并且它是一个简单的文本文件，保证任何能够读取文本文件的计算机系统都能方便地解析 XML 信息，而且 WK 在推出 XML 的同时又推出了 XSLT（extensible stylesheet language transformation，可扩展样式转换语言），有了 XSLT 的帮助，交易的双方不必书写繁琐的数据格式转换程序，只要知道对方的数据结构，一方就可以在传输 XML 数据的同时传输一套与对方数据结构相对照的 XSLT 文件，另一方在打开浏览器的时候就能看到自己格式的 XML 数据了，这样会大大降低数据管理和交换的成本。

（3）对称的 EDI 的应用

Web EDI 允许中小企业通过浏览器和 Internet 连接去执行 EDI 交换，但它是不对称的。通常情况下，较大的公司实施对 EDI 消息的开发或购买相应的 Web 表格并改造成适合自己的 IC，然后放在 Web 站点上，成为 EDI 的接口。于是，大公司在承担开发费用的同时，也可以享受 EDI 带来的全部好处，然而参与 EDI 交换的中小企业却无法从 EDI 中得到好处。因此，中小企业只能负担 EDI 的开发费用，但在得到 EDI 的好处方面，与实现 EDI 方是不均等的。XML/EDI 则不同，它能让所有的参与者都从 EDI 中得到好处，它是对称的 EDI。这一方面是由 XML 的结构化和文件格式定义特点决定的；另一方面是由于 XML 的超链接，可以进一步指定找到目标后的操作。XML 本身的互操作性，使 XMUEDI 的参与者都能从中获得好处，无论是大企业还是中小企业。

5. XML 的各种标准

企业电子商务需要交换数据，而且这种交换的范围越来越广，规模也越来越大。不同的计算机平台都要求采用一个统一的适用数据格式。XML 基本上解决了数据格式的问题，但电子商务中还有许多商务流程和交易规范的问题要在 XML 的基础上通过编程来解决，于是对 XML 基础上的程序加以规范化形成了一系列的标准，如 cnXML、ebXML 及 WML 等。

（1）cnXML

为了适应中国的商务流程，中国科学院软件研究所电子商务研究中心与国内的中国电子信息产业发展研究院、用友软件集团、联想神州数码和方正数码等建立了一个 cnXML 联盟，旨在建立标准的形式，并通过技术手段，逐步创造一个与国际接轨的电子商务标准化环境，从而保证我国电子商务与全球经济一体化相适应。

cnXML 基于 XML，是与国际上各种版本的 XML 完全兼容且符合中国特色的电子商务语言规范。其主要解决中国的商务流程问题，包括外部商业流程（解决企业间的交易问题）和内部商业流程（解决企业内部审批等问题），最终解决 ERP（enterprise resource planning，企业资源计划）和电子商务平台的连接问题。

由于 ERP 软件的发展早于电子商务，所以 ERP 的数据交换采用远程调用 RPC（remote

procedure call，远程过程调用）方式，想要什么数据都需要通过程序调用，这意味着必须为每一个应用程序编程，而电子商务则采用 XML。为了将这两种系统连接起来，国外为此专门开发了一些中间软件，如 Corbaee。由于国外 ERP 已发展成熟，所以对二者的连接不可避免，但我国大多数企业尚未实施 ERP，所以反而避免了这种高费用的二者集成问题。cnXML 的思路就是，中国的企业不必采用现在的 ERP，而应采用基于 XML 的 Internet 技术来开发企业的信息化系统。cnXML 主要考虑的是如何为电子商务交易语言打下一个良好的基础，使其可以根据不同的商业流程和行业特点进行扩充和定制。其特点如下：基于 XML 技术，具有良好的开放性和交互性；具有广泛性、灵活性和可扩展性；按国内的商业流程定义了一套企业间商务活动所需的 cnXML 文档规范，包括产品目录、订单、发票、许可证等，并可按行业特点扩充和定制；支持国际化和多语言，符合国内的商业惯例；cnXML 文档全面支持中文标记；支持多种通信方式，包括请求/响应、单向和多点发送；遵循消息和传输方式分离的原则，能通过不同的协议进行传输，使用多种技术方便地进行应用和实现。

（2）ebXML

ebXML（electronic business extensible markup language，电子商务可扩展标记语言）是一个方便世界上所有规模的企业进行电子商务交易活动的标准。它由 OASIS（Organization for the Advancement of Structured Information Standards，结构化信息标准促进组织）建立，同时得到了联合国贸易促进和电子商务中心（United Nations Center for Trade Facilitation and Electronic Commerce）的支持，这个中心以前为 EDI 创建了国际化标准。

ebXML 标准为企业和公司间提供了一个框架，用于交换电子商务所必需的信息，而不必通过 EDI，一台 PC 只要在线就可以进行在线电子商务。此标准进一步扩展后可用于海关信息处理，但用于进出口中取代纸张形式的表单和签署还有待发展。

（3）WML

XML 的一个应用实例就是 WML（wireless markup language，无线标记语言）。手机等移动终端通过 WML 来显示通过 WAP（wireless application protocol，无线应用协议）网关转换的 Internet 上的文字和图像数据。WML 文档的结构与 HTML 很类似，被称为 deck（牌局）。其文件大小一般不超过 1.2KB，由于是 XML 的一种应用，所以文档头部也应当有版本声明。因为手机屏幕很小，所以每个 deck 被划分为一个很容易定义的用户交互操作的基本单元 card，一屏内容就对应一个 card，而每个 deck 可含有多个 card。XML 文档规则在 WML 中也要遵守，如标记要完全关闭。

纯 WML 文档是一系列文本、图像与表格等数据，内容是静止的。与 WML 相似，纯 HTML 文件表示的内容也是静态的，与用户交互功能较差，遇到一些动态的程序效果、用户输入检查、对话框弹出等就要用到 JavaScript 或 VBScript 等脚本语言。与此类似，WMLScript 就可用于在 WML 中提供程序功能。

6. 基于 XML 的电子商务的优缺点

（1）优点

1）提供一种可被广泛理解的商业规范。

2）文档表单等信息可在不同的系统中相互交换。

3）提高数据的可持续性，降低投资的风险。

4）利用代理程序实现交易的自动化。

5）降低由于商业规则上的变化所引起的额外应用成本。

6）保证同旧系统的连接，保护既有投资。

（2）缺点

1）技术尚未完全成熟，需要进一步发展。

2）过多的标准成为 XML 成功入主电子商务的一大障碍。

4.2 网络数据库技术

电子商务活动中，存在着海量的数据与信息，而每一个商务站点的后台必须有一个强大的数据库支撑其工作。从数据的管理到查询生成动态网页、数据挖掘及应用数据的维护都离不开网络数据库。这些网络数据库系统均采用客户端/服务器（client/server，C/S）的结构模式，C/S 体系结构一个重要的特色就是其开放性，它不仅可以实现客户端对数据库的共享，还使客户端的应用和数据库的开发不再依赖于特定的数据库管理系统，而这一切都离不开 ODBC（open database connectivity，开放数据库连接）技术和 SQL（structured query language，结构化查询语言）语言。

4.2.1 ODBC 技术

ODBC 是一种 API（application programming interface，应用程序接口）规范，它是一个数据库访问函数库，应用程序可以通过它直接操作数据库中的数据，它适用于多种数据库管理系统（database management system，DBMS）产品。

1. ODBC 概述

在早期的数据库编程中，程序员为了能够访问不同的数据库，不得不学习多个数据库管理系统的知识，掌握嵌入式的 SQL 语言。即使两个应用程序完成同样的功能，只要数据库后端工具选取不同，则仍然是完全不同的两个程序。因此，许多程序员都希望摆脱专用数据库管理系统本身的约束，针对不同的数据库管理系统，使用统一的编程界面，从而使数据库应用程序在应用另外一种数据库格式时不需要对源程序进行改动。

微软公司于 1992 年引入了 ODBC 的概念，作为 Windows 开放服务体系结构的一个部件，应用于 Windows 数据库应用程序的开发中。ODBC 的作用是在应用程序和数据库服务器之间建立中间层次，所有的数据通过这个中间层次写入数据库中，每个数据库服务器通过驱动程序提供自身函数与这个中间层次进行链接。这样，就可以采用相同的用户界面来访问任意支持 ODBC 技术的数据库，从而简化了对数据库的访问，也为程序的跨平台开发和移植提供了最大的方便。

目前，ODBC 是连接 Windows 操作系统中数据库的一种最流行的方式，通过使用 ODBC，开发人员不需要关心与之相连的特定的数据库。取而代之的是通过使用 ODBC 能够超越特定数据库，在一种抽象的水平上访问数据库，其工作流程如图 4-1 所示。

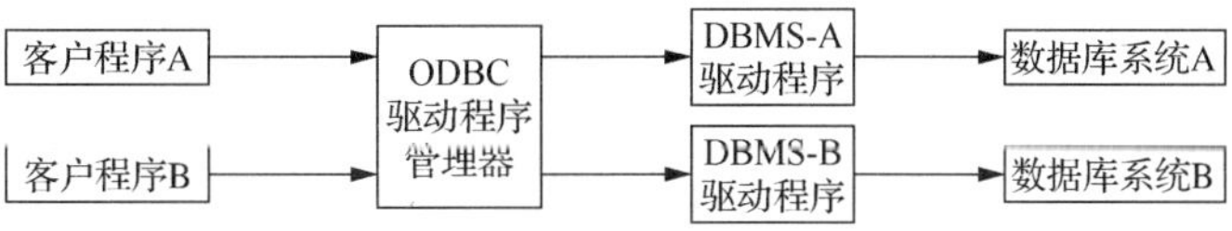

图 4-1　ODBC 访问数据库的工作流程

2. ODBC 的结构

ODBC 是一种分层结构，包括驱动程序管理器中多个数据库的 ODBC 驱动程序。在使用 ODBC 的数据库应用程序中，应用程序和驱动程序管理器进行对话，告诉驱动程序管理器将要进行的操作。驱动程序管理器根据应用程序的指令，调用相应的 ODBC 驱动程序，把应用程序的 SQL 语句或函数调用传送到 DBMS，从而实现对数据库的访问。驱动程序一般是针对某种特定的 DBMS 的，它对 ODBC 函数调用做出响应，用适当的程序访问数据，并返回执行的状态和结果。这样，ODBC 的编程人员可编写访问各 DBMS 厂家的数据库的应用程序，而无须了解其产品的细节。能做到这一点是因为每个支持 ODBC 的 DBMS 需要不同的库或驱动程序，当要改变驱动程序时，应用程序无须重新编译或重新链接，只要动态加载新的驱动程序并调用其中的函数即可。要访问多个 DBMS，应用程序可加载多个驱动程序。而如何支持驱动程序取决于操作系统，如 Windows 操作系统的驱动程序就是 DLL（dynamic link library，动态链接库）。使用相同源代码的应用程序能访问不同的 DBMS，这充分体现了 ODBC 的数据库独立性。通过使用多个驱动程序同时访问多个 DBMS，即 ODBC 可同时连接多个 DBMS 解决了同时访问多个 DBMS 的问题，提供了异构数据库间互相操作的能力。

3. ODBC 的使用

作为一名网站开发人员或网络数据库开发人员，不需要知道用于 ODBC 的具体 API 函数，但需要很好地理解 ODBC。当通过 ODBC 访问一个数据库时，该数据库必须作为一个 ODBC 数据源被注册，这样应用程序就只需要知道其数据源名称。数据库的位置并没有被改变，数据库的类型也没有变化。可以创建的数据库有 3 种，即系统的、用户的和文件的。一个系统数据库对于系统的任何用户都是可以使用的（当然，数据库自身可能有密码保护），一个用户数据库仅对该用户开放，而文件数据库就是数据库的描述，它可以在安装有同样驱动程序的所有用户之间共享。通常，在网络数据库应用中都是创建系统数据库。

4.2.2　SQL 语言

SQL 是用于关系型数据库通信的标准语言。它包括数据定义（data definition）、数据查询（data query）、数据操纵（data manipulation）和数据控制（data control）4 部分功能，其中数据查询是 SQL 语言最重要的组成部分。

1. SQL 概述

SQL 模型的原型是由 IBM 公司使用了 Codd 博士的论文《大型共享数据库数据的关系模型》发展而来的。在 1979 年，也就是 IBM 的原型产生不久，第一代 SQL 产品 Oracle 便由 Relational Software 公司（后来被命名为 Oracle 公司）开发出来，它是当今关系型数据库卓越的技术领导之一。自从 1986 年 IBM 完成了 SQL 的开发以后，SQL 就被当作是关系型数据库通信的标准语言。在 1987 年，ANSISQL 标准被国际标准化组织（International Organization for Standardization，ISO）作为国际标准。到 1989 年 4 月，ISO 提出了具有完整特征的 SQL，并称之为 SQL89。SQL89 标准公布之后，对数据库技术的发展和数据库的应用都起到了很大的推动作用。尽管如此，SQL89 仍有许多不足或不能满足应用需求之处。为此，在 SQL89 的基础之上，经过 3 年多的研究和修改，ISO 于 1992 年 11 月又公布了 SQL 的新标准，即 SQL92。SQL92 标准将其基本内容分为 3 个级别，即基本级、标准级和完全级。目前一些主流数据库产品也只达到了基本级的要求。尽管如此，SQL92 标准本身也不够完备，经过不断的修改，ISO 已经推出了新标准，即 SQL99。

2. SQL 语言的特点

SQL 语言之所以能够被用户和业界所接受并成为国际标准，是因为它是一个综合的、通用的、功能极强同时又简洁易学的语言，SQL 充分体现了关系数据语言的优点。其重要特点包括以下几点。

1）SQL 是一种一体化的语言。它包括了数据定义、数据查询、数据操纵和数据控制等功能，可以完成数据库活动中的全部工作。以前的非关系模型的数据语言有两个不足，一是内容多，二是掌握和使用起来都不像 SQL 那样简单和实用。

另外，在关系模型中，实体和实体间的联系均用关系来表示，这种数据结构的单一性带来了数据操作符的统一性，查找、插入、删除、更新等每一种操作都只需一种操作方式，从而避免了非关系系统由于信息表示方式的多样性带来的操作复杂性。

2）SQL 语言是一种高度非过程化的语言。用户只需提出“做什么”，而不必指明“怎么做”，SQL 语言就可以将要求交给系统，由系统自动完成全部工作。

3）SQL 语言用一种语法结构提供两种使用方式，也就是直接以命令方式交互使用，或嵌入程序设计语言中（如 C、Cobol、Fortran、PUSQL）以程序方式使用。这种做法为用户提供了极大的灵活性与方便性。现在有很多数据库应用开发工具都将 SQL 语言直接融入自身的语言中，如 Delphi、PowerBuilder 等，其使用方式为用户提供了更多的选择余地。

4）SQL 语言的命令简洁，易学易用。虽然 SQL 语言功能极强，但由于设计巧妙，因此只需用为数不多的几条命令就可完成所有的核心功能。另外，它的语法也很简单，很接近自然语言（英语），因此容易学习和掌握。

5）SQL 语言支持数据库的 3 层模式结构。与概念模式的概念文件对应的是基本表，与存储模式对应的是存储文件，与外部模式对应的是视图和部分基本表。用户看到的可以是基本表或视图，用户可以在其上进行查询操作。存储文件对用户来说是透明的。

3. SQL 的功能

SQL 的功能包括创建数据库对象、操纵对象、向数据库表中填充数据、在数据表中更新已存在的数据、删除数据、执行数据库查询、控制数据库访问权限和数据库总体管理。SQL 的功能主要分为以下几类。

（1）数据定义语言

数据定义语言是 SQL 的一部分，是 SQL 中用来生成、修改、删除关系数据库的表、窗口、模式、目录等基本要素的语言部分。它允许数据库用户创建或重新构造数据库对象，如创建或删除一个数据库表。

数据定义语言所包含的要点如下。

1）标示所有的表。

2）定义每个表中所含有的列。

3）给每个表一个保证唯一的主关键字。

确认在数据库的每个表中至少有一列是与其他表中的列相同，这些共享的列提供了逻辑上的连接，允许一个表中的信息与另一个表中的相应信息相关联；将每个表都用第三范式（3NF）或更好的方法来检验，以防止插入、删除及非法更新。

数据定义功能包括数据库的定义、基本表的定义、视图的定义、存储过程的定义、规则的定义和索引的定义等部分。

（2）数据操纵语言

数据操纵语言是 SQL 的一部分，是 SQL 中用来生成、修改、删除数据库结构的那些部分，但它并不涉及数据。数据操纵语言用于在关系型数据库对象中操纵数据，主要包括数据的插入、更新和删除 3 个方面的内容。

（3）数据查询语言

查询是对数据库中信息的寻找和定位。数据查询语言尽管只包含了一条命令，但它是数据库的核心操作，是关系型数据库用户使用 SQL 的焦点。SQL 语言提供了 SELECT 语句进行数据库的查询，它包含许多选项和子句，具有灵活的使用方法和丰富的功能。无论是简单的查询还是复杂的查询，也无论是模糊的查询还是精确的查询，都很容易创建。

（4）事务控制命令

事务控制命令允许用户管理数据库的事务。它们通常是用来保护数据库的表或元素不被损坏的。

4.3　数据仓库技术

数据仓库（data warehouse，DW）是一个面向主题的、集成的、稳定的、包含历史数据的数据集合，它用于支持管理中的决策制定过程。这个定义中的主题对应一个客观分析领域，如营销状况、企业利润等。面向主题指的是数据仓库内的信息是按主题进行组织的，为按主题进行决策的过程提供信息。稳定是指一旦某个数据进入数据仓库内，一般将被长期保存，即数据仓库中大量的操作是插入和查询，而删除和修改很少。集成指的则是数据仓库中的信息不是从各个业务处理系统中简单抽取出来的，而是经过系统加工、汇总和整理，从而确保数据仓库内的信息是关于整个企业的一致的全局信息。包含历史数据是指数据仓库内的信息并非仅仅是企业当时或某一时间点的信息，而是系统记录了企业从过去某一时间点到目前的各时段的信息，利用这些历史数据可对企业发展历程和未来发展趋势作出定量分析与预测。

由此可见，数据仓库跨越企业的时空界限，将不同企业、不同事务处理系统的数据集成起来提供一个统一的数据视图，获得企业运作状况和客户行为的综合信息。数据仓库是在数据库的基础上发展而来的，通常有 3 个部分，即数据仓库、联机与分析处理（online analytical processing，OLAP）及数据挖掘（data mining，DM）。三者之间有极强的互补关系，DW 的管理是基于元数据管理的，元数据就是关于数据的数据，它描述的是数据仓库的数据和环境，记录了数据仓库中数据之间的关系，以及与业务处理系统中的业务数据之间的关系。

看起来数据仓库似乎是一个静态的概念，事实上数据仓库是一个工程的概念，更是一个动态的概念。数据仓库的发展演变共经历了 5 个阶段，如图 4-2 所示。

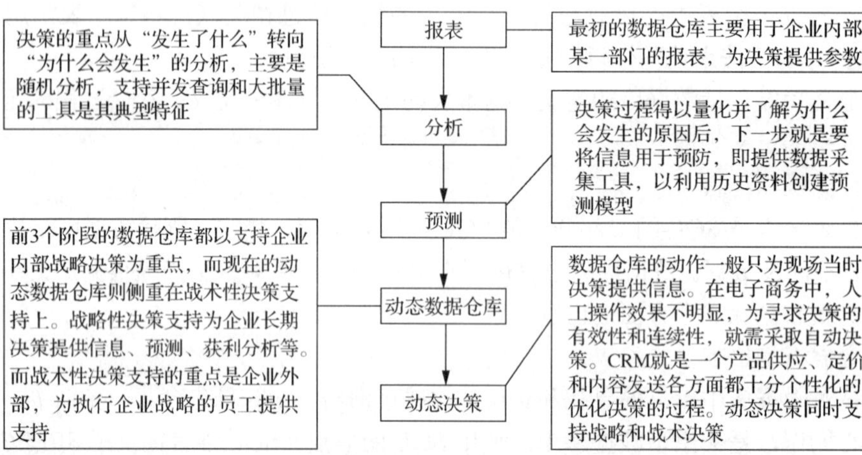

图 4-2 数据仓库的 5 个发展阶段

4.3.1 Web 数据库

随着 WWW 的迅速扩展，WWW 上可用数据源的数量也在迅速增加，人们正在试图将 WWW 上的数据源集成为一个完整的、广域的、分布的、有序的、可以迅速检索和查询并可根据链接条件互相跳转的信息系统——Web 数据库，使这些资源能得到充分的利用。Web 数据库是一个新的研究领域，它是 Web 与数据库技术相结合的产物，它的结合来源于两者各自的优势和缺陷。

WWW 和数据库结合起来，开发 Web 数据库系统是非常有意义的，Internet 或 Intranet 上到处可以看到 Web 数据库的应用，如在线银行、证券买卖、在线购物、会议工作间、飞机票预订、市场调研与分析、图书管理、产品信息、客户服务及联机数据库查询等。

WWW 和数据库的应用结构模式一样，Web 数据库也是属于 C/S 结构的一种——基于 3

层的 C/S 的结构应用模式，即 Browser/Web Server/DB Server。一个典型的 Web 数据库应用系统有一个 Web 浏览器作为用户界面、一个作为信息存储和数据采集的数据库服务器和一个连接前两者的 Web 服务器及应用程序。其中，浏览器占据客户端层，数据库服务器占据服务器层，占据中间层的则是 Web 服务器和应用服务。用户通过 Web 页上显示的表单进行信息的输入，浏览器则将该信息发送到 Web 服务器端，通过应用程序访问数据库，将结果以文本、图像、表、图形的形式返回浏览器。

4.3.2　Web 数据库接口技术

在 Web 数据库的应用中，最重要的就是中间层的应用。目前，Web 和数据库的连接技术一般采用 Web 服务器端提供一个中间件连接 Web 服务器与数据库服务器，或采用将应用程序下载到客户端直接访问数据库这两种方式。由于 Web 与数据库的接口技术是各网站提供 Web 信息服务的关键技术，所以在此介绍一下这些接口技术供企业网站开发人员参考。

1. CGI

CGI 是早期建立应用程序与 Web 服务器之间接口的标准。其工作方式是，用户通过浏览器用 HTTP（hypertext transfer protocol，超文本传送协议）以表单向 Web 服务器发出请求，Web 服务器接收对 CGI 的请求，用一个子进程启动 CGI，将用户的请求传给 CGI；CGI 向服务器即 DBMS 发出请求，数据库执行相应的查询操作；数据库服务器将服务请求返回给 CGI；CGI 将查询结果转换成网页形式返回给 Web 服务器，Web 服务器再通过 HTTP 将网页传给用户的浏览器显示出来。其工作示意图如图 4-3 所示。

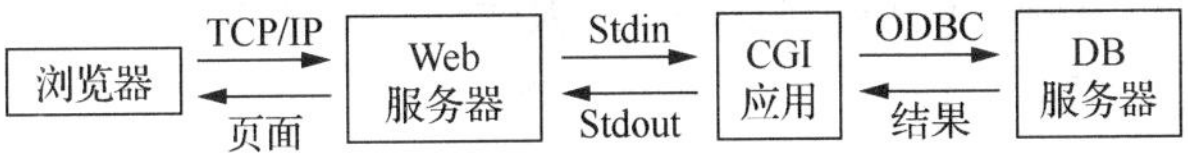

图 4-3　CGI 工作示意图

由此可见，CGI 的功能是在超文本文件与 Web 服务器应用程序之间传递信息，应用在 Web 数据库上实时动态地生成 HTML 文件，所以，CGI 是允许 Web 服务器生成 HTML 文档并将文档返回 Web 服务器的外部应用程序的规范。只要遵循 CGI 标准而编写的服务器端可执行的应用程序都称为 CGI 程序，它可在客户端浏览器和 Web 服务器之间进行交互，也可通过数据库编程接口与数据库服务器等外部数据源进行通信。CGI 程序可用 C、C++、Perl、Shell 和 VB 等语言来编写，它的开发与普通程序的开发并无区别，只是要遵从 CGI 标准。

CGI 的跨平台性能极佳，几乎可以不加任何修改即可移植到绝大多数操作系统上。但其缺点首先是运行速度慢，因为 CGI 一般是一个独立的可执行程序，和 Web 服务器各自占据着不同的进程。而且一个 CGI 只能处理一个用户请求，所以每有一个请求都会激活一个 CGI 进程。当多个用户发出请求时会挤占大量系统资源，如内存和 CPU 时间等，从而降低效率，其 Web 服务器的表现就是响应时间延长、处理缓慢等。其次是交互性差，因为 IMP（interface message processor，接口消息处理器）协议无状态限制，CGI 不能保持当前状态，所以缺少交互性。最后是安全性差，因为只要来访就可执行 CGI。

用 CGI 开发 Web 数据库是人们最先找到的解决方案，其技术成熟、应用面最广。虽然一直在不断改进以弥补其固有的缺陷，如将 CGI 分成程序代码和 HTML 文档两部分，出现了多种 CGI 程序库以简化程序代码的复杂程度，但其效果都不是非常理想。所以，这种以程序代码为中心的 CGI 方式已不再是一种最佳选择了。

2. Web API

Web 服务器提供商为扩展其服务器的性能，都各自开发 API 应用程序接口来取代 CGI。目前最流行的两种 API 分别是微软公司的 ISAPI（internet server application program interface，Internet 服务器应用程序接口）和 Netscape 公司的 NSAPI。这两种接口可让人们以标准方式编写 Web 服务器交互的应用程序。目前 Netscape 宣布其 NSAPI 也支持 ISAPI 标准，这意味着只有一种 Web API 标准了。

ISAPI 由两类组件组成，即提供纵向功能层的 ISAPI 应用程序和提供横向功能层的 ISAPI 过滤器。当接收到一个请求时，服务器执行一个对应的 ISAPI 应用程序，ISAPI 过滤器则可实现所有请求共有的某些功能要求。当过滤器中定义的事件在进程中发生时，服务器调用过滤器中相应的函数进行处理。

API 由于是厂商与各自的服务器绑定开发的，所以兼容性较差，仅适用于 Windows 操作系统，而且因其交互性差且开发难度大，使开发人员望而却步。

3. ASP

由于 Web API 开发的难度大，于是微软公司推出 ASP 技术。它的出现使动态交互式 Web 网站的创建成为轻松愉快的工作，只要几行脚本语言，就能将后台数据库信息发布到 WWW 网站上去，在编程和网页脚本的可读性方面大大优于传统技术方案。

ASP 是微软公司推出的用以取代 CGI 的技术。微软公司在发布 Windows 98 时，就同时在 Windows 98 光盘的 ADD-ONES 路径下提供了 PWS 3.0（个人 Web 服务器），支持 ASP 2.0 解释执行，为企业通过 ASP 开发 WWW 网站提供了方便。从本质上讲，ASP 是一种在服务器上执行的脚本制作工具，其原理是在 HTML 的基础上，增加 ASP 语法和脚本语言，然后由 Web 服务器解释成静态的 HTML 标准文件，返回给浏览器，这些工作都是由服务器完成的，和浏览器的版本及生产厂商无关。ASP 自身提供 VBScript 和 JavaScript 两种脚本引擎，默认为 VBScript。ASP 功能强大，目前许多在线商务及在线沙龙等各种高级、动态更新的站点中经常使用 ASP 程序。

（1）ASP 工作模式

ASP 通过扩展名为 asp 的 ASP 文件来实现，一个 ASP 文件相当于一个脚本文件，因此必须放在 WWW 服务器上有脚本权限的目录下，一般放在 scripts 这个目录下。

当浏览器向 Web Server 调用 asp 文件时，就启动了 ASP Web Server 开始调用。ASP 将被请求的 asp 文件从头读到尾，执行每一个命令，包括与数据库服务器相连，对数据库进行各种操作，如查询、插入、删除等操作，然后将对数据库进行操作的结果送到 ASP，由 ASP 翻译并动态生成一个 HTML 页面送到 WWW 服务器，再由 WWW 服务器将 HTML 页面送给客户端的浏览器。其工作模式如图 4-4 所示。

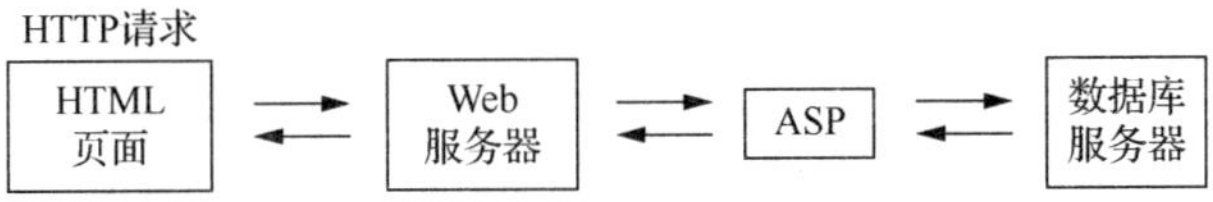

图 4-4　ASP 的工作模式

（2）ASP 的特点

1）完全和 HTML 集成。

2）易于生成，无须编译和连接。

3）面向对象，可以扩展 ActiveX Server 组件。ASP 提供了一个扩展的服务器端平台，支持免编译、与语言无关的脚本和 ActiveX 组件，这些 ActiveX 服务器组件对调用者隐藏了具体的编程细节，通过对这些部件的调用，编程人员用很少的代码就可以完成许多复杂的任务，用户可以用支持 ActiveX 的任何第三方语言开发自己的 ActiveX 服务器组件，ASP 本身自带了 5 个服务器组件以扩展 ASP 的编程能力。

4）独立于浏览器。

5）比 CGI 和 ISAPI 具有更多的优点。CGI 程序是作为一个独立的外部应用程序来执行的进程，会与其他的进程竞争 CPU 处理器的资源，因此会导致运行速度缓慢；一般一个 CGI 程序只能处理一个用户请求，每当有一个用户请求时，就会激活一个 CGI 进程，当用户请求数量非常多时，效率低下；此外，用 CGI 开发 Web 应用是相当困难的，程序员不仅要掌握 HTML 语言，还要精通低级编程语言。而 ASP 经过最佳化的多线程环境，不会单独成为一个进程，因此所有的 HTTP 服务器进程能够直接利用各种资源，可以同时服务于多个浏览者，这显然比调用不在同一地址空间的 CGI 程序所占用的系统时间要短。

6）源程序的保密性。由于 ASP 是在服务器端解释执行，开发者可以不必考虑程序是否与各类浏览器兼容的问题，也不必担心别人下载程序从而窃取编程逻辑，而用户也因为程序是在服务器端执行，因此不必担心由于下载程序导致用户计算机被入侵。

7）利用 ASP 开发应用程序较简单。只需掌握 HTML 和脚本语言（VBScript 和 JavaScript）即可，但要执行诸如外部数据访问的功能时，就必须使用 ASP 内建对象和 ASP 组件，它们支持 ASP 程序从浏览器中接收和发送信息、数据库访问、文件访问、浏览器性能、AD 转换和内容链接功能。

（3）ASP 适用的开发环境

1）IIS 10.0 以上，Windows Server 2012。

2）Microsoft Peer Web Server v4.0。

3）Netscape Enterprise & FastTrack Server Web Site 等 Web 服务器。

4. Java/JDBC

Java 语言是一种强有力的面向对象的网络编程语言，有一组丰富的对象和类，它可以在任何系统平台上建立应用程序，用其编写的 JavaApplet 纷纷得到 WWW 厂商的大力支持。这些 Applet 可以被 Internet 用户从 Web 服务器上下载到本地浏览器运行，如同本地程序一样独立地访问本地和其他服务器资源。

（1）JDBC 的基本概念

最初的 Java 语言并没有数据库访问的功能。随着应用的深入，为了防止出现对 Java 在数据库访问方面各不相同的扩展，JavaSoft 公司制定了 JDBC（Java database connectivity，Java 数据库连接），作为 Java 语言的数据库访问 API。JDBC 是 Sun Microsystems 公司（已被甲骨文收购）的 JavaSoft 分部提出的用 Java 对数据库访问的 API 标准。JDBC 是基于 X/OpenSQL 的调用级接口，它定义了一组 API 对象和方法，JDBC 是一个应用于数据库的接口，用来解释和执行来自应用程序中的 SQL 语句，并返回结果集。

（2）JDBC 的构成

JDBC 体系结构由 JDBC API 和 JDBC Driver API 两层组成。前者负责应用程序与 JDBC Driver Manager 之间的通信，后者负责 JDBC Driver Manager 与数据库驱动程序具体实现之间的通信。JDBC API 是一系列抽象的接口，包括了 java.sql.Connection、java.sql.Statement、java.sql.PreparedStatement、java.sql.CallableStatement 和 java.sql.ResultSet。它们使应用程序能够进行数据库连接，执行 SQL 查询，并且得到返回结果。JDBC Driver API 是面向驱动程序开发商的编程接口。对于大多数数据库驱动程序而言，仅实现 JDBC API 提供的抽象类就可以了。

（3）JDBC Driver 的类型

JDBC 驱动程序既可全部采用 Java 编程，作为 Applet 的一部分下载，也可利用桥接方式（JDBC-ODBC）连接到已经存在的数据库存取数据。JDBC Driver 可以分成以下 4 类。

1）采用 JDBC-ODBC 桥接方式。JDBC 是基于 X/OpenSQL 的调用级接口，可通过 JDBC-ODBC Bridge 使用 ODBC Driver 来访问数据库，无须特定于相应数据库的 JDBC Driver。这就意味着所有支持 ODBC 的数据库不加任何修改就能够与 JDBC 协同工作，且可以利用已有的 ODBC 开发环境。但由于 JDBC-ODBC Bridge 是将 JDBC 调用转化成 ODBC 调用，ODBC 并不能从服务器随 JavaApplet 直接下载，因此必须在客户端安装与服务器相同的 ODBC 驱动程序。

2）采用 Native API/part ly-JavaDriver 方式。这种方式将用户应用程序的 JDBC 调用转换成对 Oracle、Sybase、Informix、DB2 等 DBMS 系统的调用。这种方式也要求客户机安装部分应用程序。

3）采用 JDBC/NetpureJavaDriver 方式。这种方式将 JDBC 调用转换成独立于 DBMS 系统的网络协议，然后由服务器转换成 DBMS 协议。此服务器“中间件”能够将“纯 Java 应用程序”连接到多个不同的数据库。一般来说，这是最灵活的 JDBC 连接方式，但考虑到 Internet 环境下的应用，必须解决 Web 所带来的通过防火墙访问等安全性问题。

4）采用 Native-protocol/pureJavaDriver 方式。这种方式将 JDBC 调用转换成 DBMS 直接使用的网络协议。它允许客户机直接访问 DBMS 服务器，提供了 Intranet 环境的一个实际解决方案。因为这些协议是与 DBMS 相关的，所以主要由数据库厂商提供。

（4）Java/JDBC 访问数据库的模式

Java/JDBC 正获得越来越多的基于 Java 的工具和关系数据库厂商的支持，如 Intersolv 公司推出的服务器端 Internet 数据访问中间件 DataDirectJava、Sequelink，Sybase 公司推出的 jConnectforJDBC 产品及其他数据库厂商在各自开发的数据库产品中提供的可访问数据库的 JDBC Driver。Java/JDBC 访问数据库支持两层和三层模式的应用。

在两层模式中，Java/JDBC 在已建立信任关系的网络（本地网络）上建立与数据库服务器的连接，JavaApplet、Java 应用可直接与数据库交换信息，但需要一个能直接与所访问的数据库系统通信的 JDBC 驱动程序。用户的 SQL 语句直接被传送到数据库中，查询结果直接返回给用户（图 4-5）。

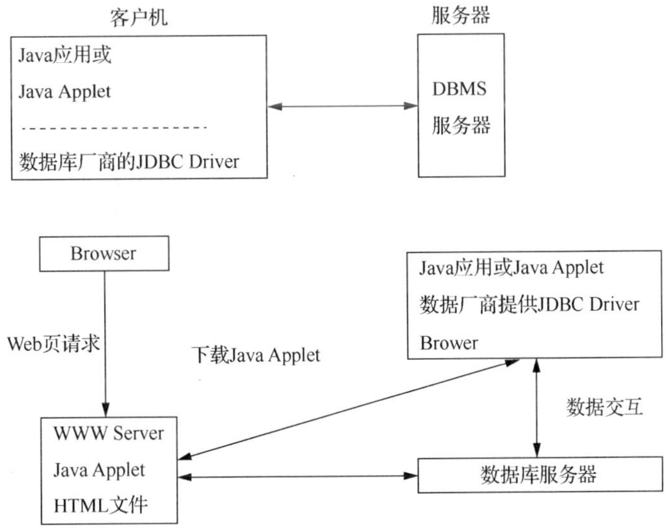

图 4-5　Java/JDBC 对数据库的两层访问模式

除了使用传统的两层开发模式之外，Java 和 JDBC 还提供了对数据库服务器的三层访问。在这种三层体系结构下，Applet 或应用在中间一层完成对服务层的调用。该层可以是一个事务处理监视器、对象请求代理或 Web 服务器 API（ISAPI 或 NSAPI）。通过这种中间层服务，再调用数据库服务器。在 Web 数据库中应用 Java/JDBC 技术使用的就是三层模型的 GS 结构，其中间层是 Web 服务器。

综上所述，人们能够选用适合的 JDBC Driver 访问多个不同的数据库，这就为在 Internet 环境下实现电子商务系统中数量众多的异构数据库的查询提供了解决方案。这样，通过一台 Web 服务器与多台数据库服务器及多台客户机构架起浏览器/服务器结构，应用 Java 语言和 JDBC 编写具有统一的用户查询界面的应用程序，实现在浏览器端对多个位于不同数据库服务器上的异构数据库的选择查询。

5. JSP

JSP 是由 Sun Microsystems 公司于 1999 年 6 月推出的技术，是基于 JavaServlet 及整个 Java 体系的 Web 开发技术，是由 Sun Microsystems 公司倡导、许多公司参与一起建立的一种动态网页技术标准。利用这一技术可以建立先进、安全和跨平台的动态网站。

（1）JSP 概述

在传统的网页 HTML 文件（.htm、.html）中加入 Java 程序片段（Scriptlet）和 JSP 标记（tag），就构成了 JSP 网页（.jsp）。Web 服务器在遇到访问 JSP 网页的请求时，首先执行其中的程序片段，然后将执行结果以 HTML 格式返回给客户。程序片段可以操作数据库、重新定向网页及发送 E-mail 等，这就是建立动态网站所需要的功能。所有程序操作都在服务器端执行，网络上传送给客户端的仅是得到的结果，对客户浏览器的要求低。

JSP 可以在 Servlet 和 JavaBeans 的支持下，完成功能强大的电子商务网站应用程序的开发。JavaBeans 模式包括诸如数据库访问、安全、事务完整性等完整的企业模式，并且它们与应用本身相分离。JavaBeans 是一些完成预定义功能的、封装的对象数据。绝大多数 JSP 页面依赖于可重用的、跨平台的组件（JavaBeans 或 EnterpriseJavaBeans 组件）来执行应用程序所要求的更为复杂的处理。开发人员能够共享和交换执行普通操作的组件，或者使这些组件为更多的使用者或客户团体所使用。

使用 JSP 技术，Web 页面开发人员可以使用 HTML 或 XML 标记来设计和格式化最终页面。生成内容的逻辑被封装在标记和 JavaBeans 组件中，并且捆绑在小脚本中，所有的脚本在服务器端运行。如果核心逻辑被封装在标记和 Java Beans 中，那么其他人，如 Web 管理人员和页面设计者，能够编辑和使用 JSP 页面。而在服务器端，JSP 引擎解释 JSP 标记和小脚本，生成所请求的内容（如通过访问 JavaBeans 组件，使用 JDBC 技术访问数据库或包含文件），并且将结果以 HTML（或 XML）页面的形式发送回浏览器。这有助于程序员保护自己的代码，而又保证任何基于 HTML 的 Web 浏览器的完全可用性。

（2）JSP 与 ASP 的对比分析

ASP 和 JSP 都是面向 Web 服务器的技术，客户端浏览器不需要任何附加的软件支持。现从以下几方面对 ASP 和 JSP 进行对比分析，如表 4-1 所示。

表 4-1　JSP 与 ASP 技术对比

项目	内容	ASP	JSP
技术原理	编程环境	两者都提供在 HTML 代码中混合某种程序代码、由语言引擎解释执行程序代码的能力，属于服务器端的编程环境	
	编程语言	VB Script 或 Java Script	Java 语言
开放性	Web 服务器	微软公司的 IIS 或个人 Web 服务器	任何 Web 服务器、包括 Apache、Netscape 和 IIS
	操作系统平台	Windows 操作系统	绝大多数的流行平台，包括 Solaris 操作系统、Windows 操作系统、Linux 及其他 UNIX 系列平台
	跨平台访问	需要第三方 ASP 的引入产品	支持 Web 信息机构环境中不同系列的计算机群
可重用性	组件	内建服务器组件、COM 组件	Java Beans、企业级 Java Beans 或扩展的 JSP 标记
维护性	适用程序	创建和维护庞大的、组件化的应用程序，更易于维护和管理	小型的、较复杂的应用程序
访问数据库性能	兼容传统的数据库	可以（用 COM）	可以（用 JDBC API）
	集成数据源的能力	能工作在任何符合 ODBC 规范的数据库中	能工作在任何符合 ODBC 规范的数据库中，并且能访问符合 JDBC 技术规范的数据库
	访问速度	快	较快
	扩展工具支持	有	有

总的来讲，JSP 和微软公司的 ASP 在技术方面有许多相似之处。两者都是基于 Web 应用实现动态交互网页制作提供的技术环境支持，两者都能够为程序开发人员提供实现应用程序的编制与自带组件设计网页从逻辑上分离的技术，而且两者都能够替代 CGI 使网站建设与发展变得较为简单与快捷。尽管 JavaSeverPages 技术和微软公司的 ActiveSeverPages 在许多方面都是相似的，但仍然存在很多不同之处，其中最本质的区别在于：两者是来源于不同的技术规范组织，其实现的基础——Web 服务器平台要求不相同。ASP 开发者只能使用基于 Windows 平台的技术，而 Java 和 JSP 是跨平台的。

6. PHP

PHP 也是一种服务器端脚本语言，是一种真正跨平台、跨服务器的开发语言，与 ASP 类似，PHP 是通过 Internet 合作开发的开放源代码软件。最初 PHP 是由 RasumsLerdorf 用 Perl 编写的一个 CGI 程序，以后又用 C 语言重写，范围扩大到访问数据库。PHP 具备以下优点。

1）支持多种系统平台。

2）具有良好的开放性和可扩充性。

3）版本更新速度快。

4）容易与现有的网页整合。

5）具有丰富的功能。

6）系统移植速度快。

PHP 混合了 C 语言、Java 语言和 Perl 语言的特点，有丰富的数据库操作函数，可以进行当前大多数的数据库操作。PHP 为不同平台下的数据库设计了专门的函数，能与多种数据库直接互联，包括 Oracle、Sybase、MySQL 等，同时也支持 ODBC。下面举一个 PHP 的例子，以帮助理解。

```
<HTML><HEAD><TITLE>Test</HEAD></TITLE>
    <BODY><?PHP $ string = "World!"?>
    <H1>Hello,<?PHP echo $ String?></H1>
    </BODY></HTML>
```

此例为插入 PHP 程序的页面，HLML 网页中，嵌入 PHP 代码时，以“<?PHP”标记开始，以“?>”标记结束。这样 PHP 才能知道程序代码开始。此例运行后，将显示“Hello, World!”的结果。由此可见，PHP 语法与 C 语言或 Perl 语言相似。

如果网站的运行环境中，操作系统使用的是 Linux 或 FreeBSD，ApacheHttpd 作为 Web 服务器，这样的运行平台对于电子商务网站而言是一个最有效的解决方案，用户请求的响应速度和数据传输的效率将是最高的，若不使用 Apache，则 PHP 只能以 CGI 方式运行，效率就很低。

7. Web 数据库接口技术总结

综上所述，我们从几个方面对这些 Web 数据库接口技术略做总结，以利于企业在构建电子商务网站时选用。

CGI 是一个大家都支持的规范，但是用 CGI 编程太繁杂，它要求程序员必须熟悉 HTML

语言和一种编程语言，而且 CGI 运行效率不高，它适用于 UNIX 环境下用户并发访问数量较少的场合。

用 Web 服务器 API 编写的 API 应用程序运行效率很高，ISAPI 适用于 NT 环境下满足较多用户并发访问、应用程序功能复杂、灵活性与安全性要求较高的场合；但是用 API 编程比用 CGI 还困难，对程序员的要求也更高。

ASP 也是适合于 NT 环境下并发访问用户数量不太多的环境，尤其适合于中小型网站，但其具有与专用 WWW 服务器捆绑过死、缺乏通用性的缺点。

JSP 模型是在 ASP 之后定义的，它借用了 ASP 的许多优点，如 Session、Application 等对象，同时 JSP 使用灵活而强大的 Java 语言，而不是低效的 Scripting 语言。它是访问速度快、并发访问量大的场合下最适用的一种解决方案，JSP 应该是未来发展的趋势，它可能会成为 Web 数据库接口技术的主流。

PHP 能够做到同时兼容不同的操作系统、Web 服务器和数据库系统，并且具有较好的开发和运行效率。

在设计 Web 数据库应用方案时，往往需要根据实际的应用规模、已有的软硬件投资和将来可能的发展等多种因素来综合考虑。

4.4 搜索引擎和全文搜索引擎技术

4.4.1 搜索引擎

一个成功的网站至少应当符合 4 个标准，即安全快速访问、信息更新及时、完善的检索能力和信息的交互。作为一个电子商务站点，更需要符合 6 个 C，即 connectivity（连接）、context（导航）、content（内容）、commerce（商务）、communication（通信）和 community（社区）。无论是 4 个标准还是 6 个 C，其中都涉及搜索引擎（search engine）。因为对于一个网站来说，如何合理组织自己要发布的信息以便让访问者快速准确地检索到想要的内容，是一个网站成功与否的关键。一个网站如果只有数十页内容，那么只要采用遍历法就可查到想要的内容了，但如果有成千上万的网页就需要提供适当的检索工具供访问者使用了。到目前为止，对 Web 数据信息的管理由于网上信息缺乏统一的、固定的模式，数据往往不规则且经常变动，所以对于 Web 这么一个巨大的分布式信息检索系统来说，还是要利用基于信息检索技术的搜索引擎。

现在，网络营销的方式越来越多元化，搜索引擎推广、网络黄页、在线广告、网上交易平台、中文网址等，都有可能给企业营销创造新的机会。不过在相关调查中显示，企业最认可的网络推广手段是搜索引擎，认可率远远超出其他网络营销手段。

使用搜索营销的企业，提供的产品及服务的领域相对较窄，是一个绝对细分市场。对这类企业来说，搜索营销是最为有效的营销方式。另外，对于规模不大、知名度不高的中小企业而言，要迅速打响知名度，是不容易的。而通过搜索，就能让有意愿的潜在客户在搜索时找到这些企业。

1. 搜索引擎的概念

搜索引擎是一种在 Internet 上查找准确信息的工具。引擎是英文“engine”的音译词，代表发动机。那么什么是搜索引擎呢？简单地说，搜索引擎是指以一定的策略在 Internet 上搜集、发现信息，对信息进行理解、提取、组织和处理，并为用户提供检索服务，从而起到信息导航作用的工具。

专门作为搜索工具的站点，帮助用户搜索各服务器在网上的 URL，再通过该 URL 去访问该服务器提供的信息的搜索工具就是搜索引擎。这些搜索引擎提供的服务基本相同，用户通过浏览器登录相应搜索引擎站点，通过搜索界面在搜索框内输入自己想要查询的条件（关键词、词组或布尔逻辑等），几秒内（一般均为秒级响应）就会返回一个可单击的链接列表，由此可见搜索引擎实际上是一个软件。

目前，很多的 ISP 都提供搜索引擎服务，也有很多专门用于网络信息搜索的网站，如国内比较著名的搜索引擎有搜狐、新浪、百度等，国际上比较著名的搜索引擎有 Google、雅虎等。这些搜索引擎各有特点，企业在注册时应充分调研，合理利用。

2. 搜索引擎的类型

搜索引擎按信息标引方式可分为目录式搜索引擎、机器人搜索引擎、元搜索引擎。

（1）目录式搜索引擎

目录式搜索引擎也称浏览式搜索引擎，是最早出现的基于 WWW 的搜索引擎，以雅虎为代表，我国很多大型门户网站都提供目录式搜索引擎（如搜狐、新浪、网易等）。

目录式搜索引擎是将 Internet 中的信息资源搜集起来，由分类专家将其按照主题分成若干个大类，每个大类再分为若干个小类，依次细分，形成了一个可浏览式等级主题索引式搜索引擎。一般的搜索引擎分类体系有五六层，有的甚至有十几层。用户可按它们的分类一层一层进入，最终找到自己想要的信息。

目录式搜索引擎主要通过人工发现信息，依靠编目员的知识进行甄别和分类。由于信息分类和信息搜集有人的参与，因此目录式搜索引擎的搜索准确度相当高，但由于人工信息搜集速度较慢，不能及时地对网上信息进行实际监控，其查全率不是很高，是一种网站级搜索引擎。

（2）机器人搜索引擎

机器人搜索引擎通常由信息采集、信息处理、信息查询三大模块组成。信息采集一般指爬行器或网络蜘蛛，通过一个 URL 列表进行网页的自动分析与采集。机器人搜索引擎采用多线程并发搜索技术，主要完成文档访问代理、路径选择引擎和访问控制引擎。基于机器人搜索引擎的 Web 页搜索模块主要由 URL 服务器、爬行器、存储器、URL 解析器四大功能部件和资源库、锚库、链接库三大数据资源构成。

（3）元搜索引擎

元搜索引擎也称集搜索引擎，是指在统一的用户查询界面与信息反馈的形式下，共享多个搜索引擎的资源库为用户提供信息服务的系统。元搜索引擎是对搜索引擎进行搜索的搜索引擎。

元搜索引擎与机器人搜索引擎的最大不同在于它可以没有自己的资源库和机器人，它充当一个中间代理的角色，接收用户的查询请求，将请求翻译成相应搜索引擎的查询语法。在向各个搜索引擎发送查询请求并获得反馈之后，首先进行综合相关度排序，然后将整理抽取之后的查询结果返回给用户。元搜索引擎搜索范围大，查全率和查准率都很高。

商务站点提供的搜索引擎，最好同时提供目录搜索与关键词搜索这两类，以方便用户采用自己熟悉的方式查询相关的购物信息。

搜索引擎的关键技术是索引技术和数据库技术，对网上分散的无序的信息必须通过适当的方式加以采集、整理、分析、处理后产生一个索引库供用户使用。Internet 上并没有什么新技术，有的只是不断创新的新应用。将传统工作中已有的索引技术、数据库技术、关键词查询组配技术、标引技术及信息的分析处理技术等成熟、可用的技术用到网站上来，满足商务站点的信息交流与沟通，其意义就不一样了。

提供搜索引擎服务，一般有自己建设系统和外包两种方式。国内外的搜索引擎提供商提供的服务也是两种样式：一种是服务外包样式，如雅虎公司所使用的搜索引擎不是自己开发的，而是采取服务外包（如租赁）方式；另一种是整体解决方案样式。因为搜索引擎技术复杂，发展又快，自己投资开发要承担风险，而专门开发搜索引擎的公司（如 Inktomi）可以专攻开发搜索引擎，并不断采用新技术。

4.4.2 全文检索技术

商务站点中一般用不到全文检索技术，但如果增加一些增值服务，可能就会用到，因此在这里简单介绍一下。

全文检索技术以各类数据（如文本、声音、图像等）为对象，提供按数据的内容而不是外在特征来进行信息的检索，其特点是能对海量的数据进行有效的管理和快速检索。它是搜索引擎的核心技术，同时也是电子商务网站的支撑技术。现在全文检索技术可应用于企业信息网站、媒体网站、政府站点、商业网站、数字图书馆和搜索引擎中。该检索技术可跨越所有的数据源，支持多种数据和信息格式，对检索结果可按商业分类规则进行排列，也能满足用户特定的知识检索请求，将所有不同信息查询中的命中结果按相关性或分类排列，提供不同格式的信息浏览功能。

对于商务站点来说，帮助客户快速定位所需信息或产品至关重要，此时的检索就意味着商机，能否检索到客户所要的产品信息成为电子商务能否成功的一个重要因素。按客户输入的关键词提供动态的网页是基本要求，也是一个关键，而确保大量用户可以并发或突发访问企业站点，更是对商务站点的基本要求。要做到永不停顿的电子商务，其可靠性是最为重要的。

思考与练习

一、简答题

1．XML 的优越性可归纳为哪几个方面？

2．请简单描述 Web 数据库接口技术的功能。

3．JSP 模型是在 ASP 之后定义的，它借用了 ASP 的许多优点，请举例说明。

4．ASP 的特点具体是什么？

二、选择题

1．SQL 是（　　）的缩写。

A．structured query language　　B．oracle informix sybase

C．data defution　　D．data manipulation

2．XML 是一种网络标准，能够简化（　　）和企业网上的数据交换。

A．局域网　　B．城域网　　C．Internet　　D．广域网

3．Java/JDBC 正获得越来越多的基于（　　）的工具和关系数据库厂商的支持。

A．QB　　B．HTML　　C．Flash　　D．Java

4．JSP 可以在（　　）和 JavaBeans 的支持下，完成功能强大的电子商务网站应用程序的开发。

A．Robot　　B．XML　　C．Servlet　　D．WebServer

三、判断题

1．XML 描述了一类被称为 XML 文档的数据对象。（　　）

2．最初的 Java 语言有数据库访问的功能。（　　）

3．由于 ASP 是在服务器端解释执行，开发者可以不必考虑程序是否与各类浏览器兼容的问题，也不必担心别人下载程序从而窃取编程逻辑。（　　）

4．SE 的关键技术是索引技术和数据库技术，对网上分散的无序的信息必须通过适当的方式加以采集、整理、分析、处理后产生一个索引库供用户使用。（　　）

技能实训

熟悉电子商务网站开发技术工具的使用。

第5章

利用 Dreamweaver 设计网页

知识目标

1）了解 Dreamweaver 软件的基本操作技术。
2）掌握使用 Dreamweaver 开发电子商务网站的技术及其使用方法。

能力目标

通过网页设计与制作，具备利用 Dreamweaver 建立电子商务网站的能力。

Dreamweaver 可以快速将 Fireworks、FreeHand 或 Photoshop 等档案移至网页上。使用检色吸管工具选择荧幕上的颜色可设定最接近的网页安全色。Dreamweaver 能与用户喜爱的设计工具，如 Playback Flash、Shockwave 和外挂模组等搭配，不需要离开 Dreamweaver 便可完成，整体运用流程自然顺畅。

5.1　Dreamweaver 软件简介

目前，使用较广泛的网页设计软件是 Adobe Dreamweaver，简称 DW，中文名称为“梦想编织者”，是集网页制作和管理网站于一体的网页代码编辑器。Dreamweaver 是一款“所见即所得”的网页编辑工具，Dreamweaver 对于 DHTML 的支持特别好，可以轻而易举地制作出很多炫目的互动页面特效。插件式的程序设计使 Dreamweaver 功能可以无限扩展，因此，说它是高级网页制作的首选工具并不为过。利用其对 HTML、CSS、JavaScript 等内容的支持，设计人员和开发人员可以在任何地方快速制作并进行网站建设。

Adobe Dreamweaver CS6 是 Adobe Creative Suite 6 系列中的 HTML 编辑器和网页设计软件，是优秀的可视化网页设计工具之一，利用它可以轻而易举地制作出跨越平台限制和跨越浏览器限制的充满动感的网页。

下面就一起来看一下使用 Dreamweaver CS6 创建站点的操作方法。

1. 创建站点

1）打开 Dreamweaver CS6，选择“站点→新建站点”选项，如图 5-1 所示。

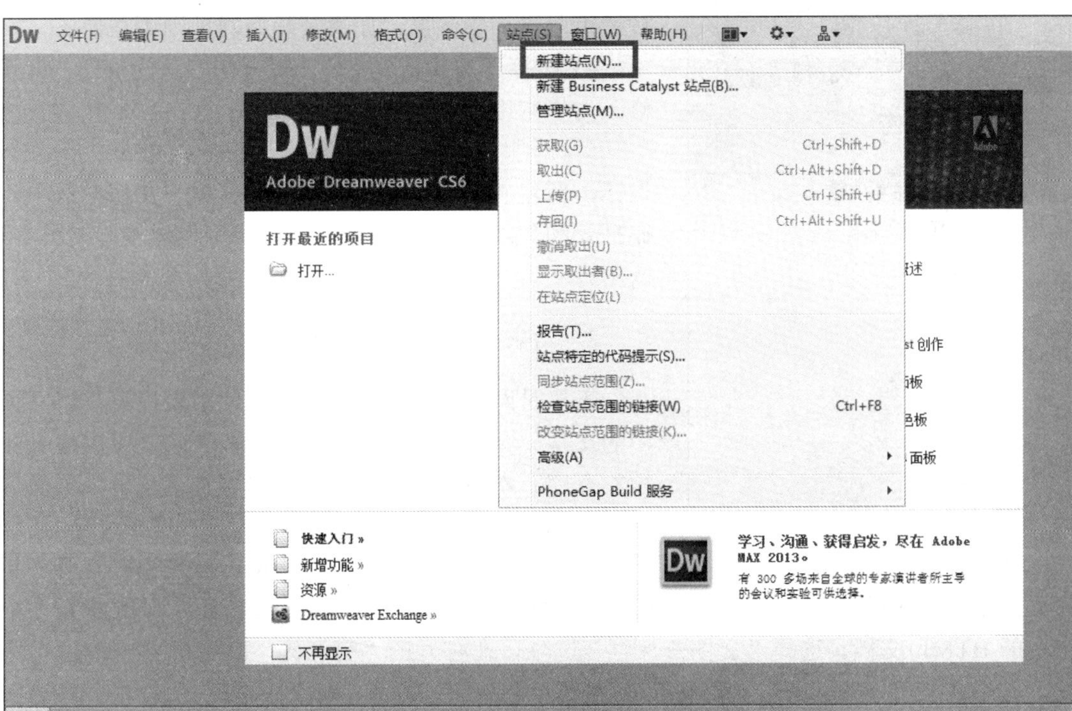

图 5-1　选择“新建站点”选项

2）在打开的对话框中对站点进行命名，并选择文件路径作为站点，如图 5-2 所示。

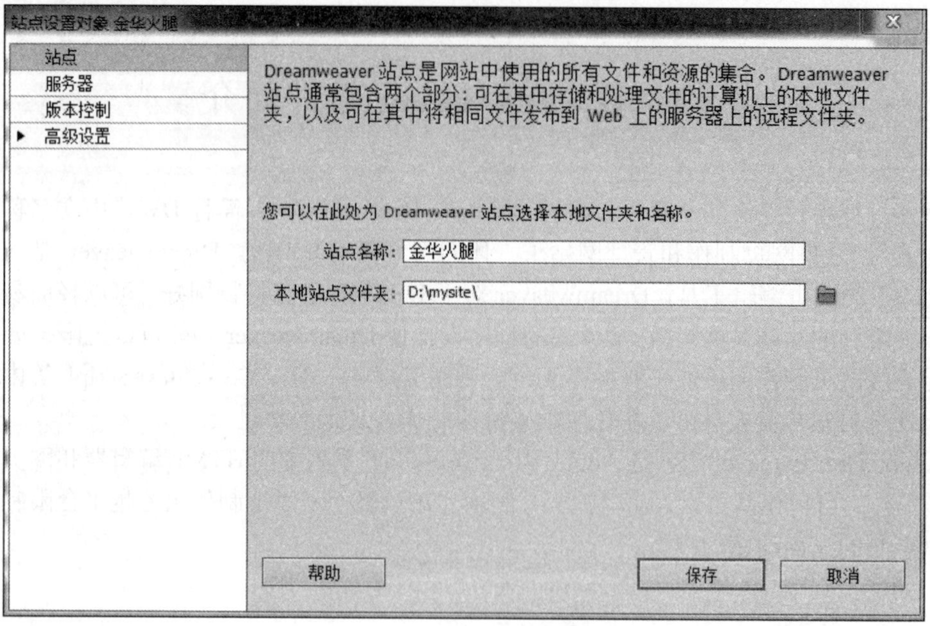

图 5-2　设置站点名称及路径

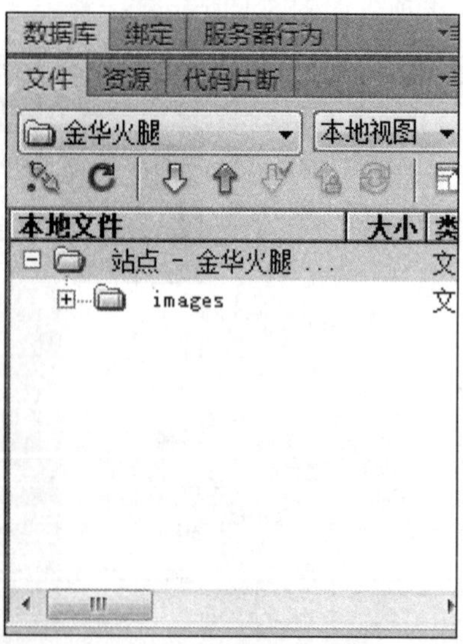

图 5-3　站点信息

3）在“服务器”选项卡中，单击“添加新服务器”按钮可以添加服务器，如果是静态网址则不需要。

4）在打开的对话框中，连接方法默认为 FTP，将其修改为“本地/网络”。

5）对服务器进行设置，设置完成后单击“保存”按钮。新建并保存站点后，选择“窗口→文件”选项，在打开的“文件”面板中可以看到保存的站点，如图 5-3 所示。

2. 用表格进行网页布局

表格是网页排版的重要工具，使用表格可以将网页中的文本、图像等内容有效地组合在一起，可以使页面精彩有序。本节介绍使用表格布局“金字首页”页面页眉部分的内容。

1）新建站点后，打开 Dreamweaver CS6，选择“新建→HTML”选项，或选择“文件→新建→空白页→HTML→创建”选项，即可打开一个空白的 HTML 文档。选择“文件→保存”选项，在打开的“另存为”对话框中修改保存路径，并输入文件名（index），然后单击“保存”按钮，即可实现对网页的保存，如图 5-4 所示。

2）选择“插入→表格”选项，在打开的“表格”对话框中输入相关参数，如图 5-5 所示，然后单击“确定”按钮。

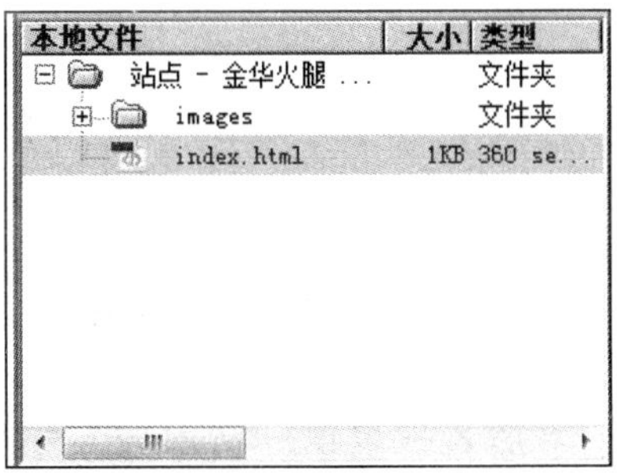

图 5-4　新创建的 HTML 文档

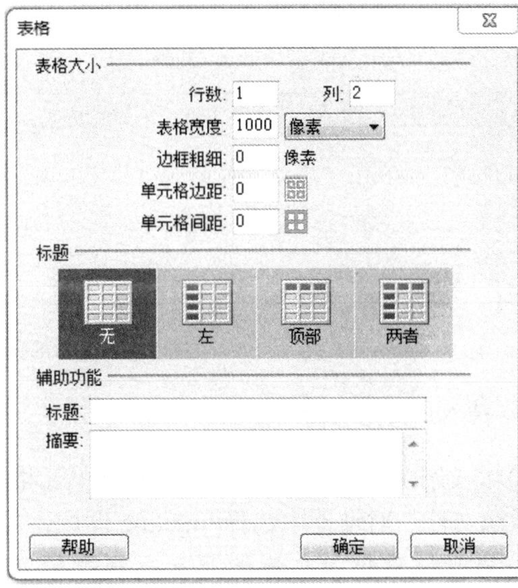

图 5-5　“表格”对话框 1

选中第 1 个单元格，在“属性”面板中设置其宽为 374、高为 113，如图 5-6 所示。

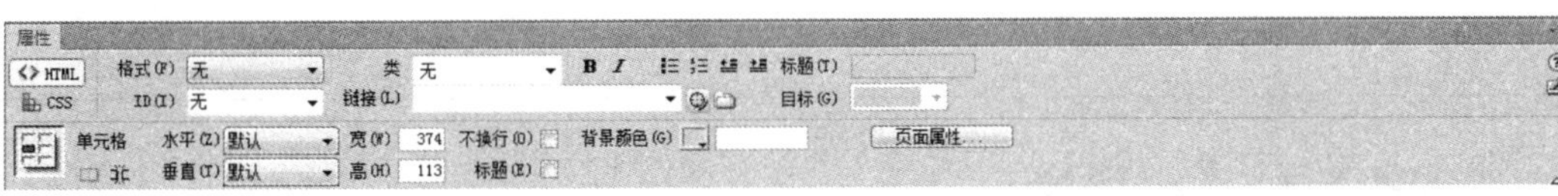

图 5-6　“属性”面板

3）利用表格制作页眉部分的菜单导航栏。选择“插入→表格”选项，在打开的“表格”对话框中输入相关参数，如图 5-7 所示，单击“确定”按钮。

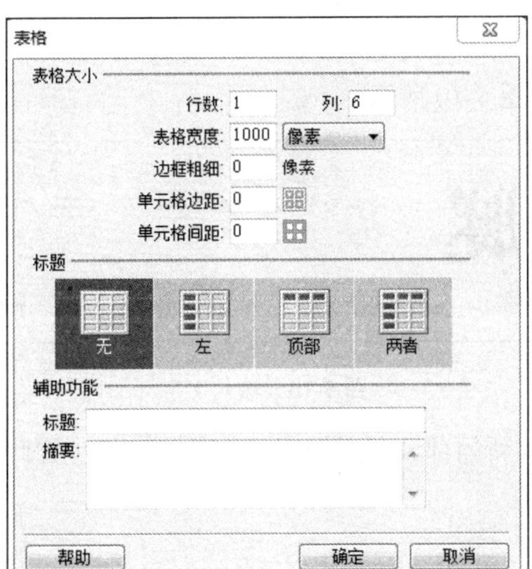

图 5-7　“表格”对话框 2

将各个单元格设置为宽 166、高 30，设置完成后，页眉部分框架效果显示如图 5-8 所示。

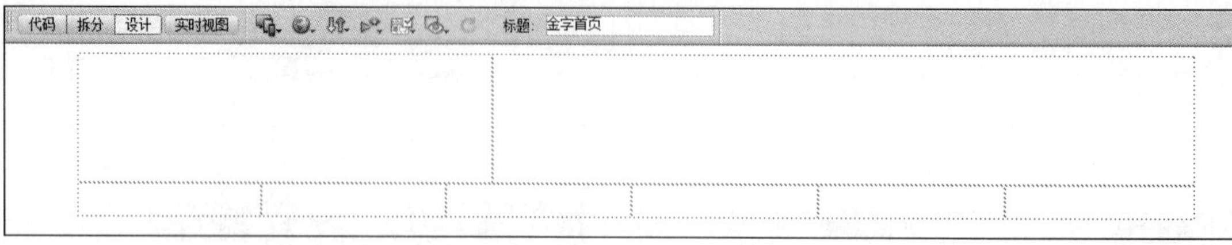

图 5-8　页眉部分框架效果显示

3. 插入图像与文本

1）将光标定位于页眉的第一行左侧单元格中，选择“插入→图像”选项，在打开的“选择图像源文件”对话框中选择 logo.jpg 图像，然后单击“确定”按钮。

2）将光标定位于页眉的第一行右侧单元格中，选择“插入→表单→文本域”选项，在打开的“输入标签辅助功能属性”对话框中单击“确定”按钮，然后在弹出的提示框中单击“是”按钮。选择“插入→表单→按钮”选项，在打开的“输入标签辅助功能属性”对话框中单击“确定”按钮，将按钮的值设为“站内搜索”，效果如图 5-9 所示。

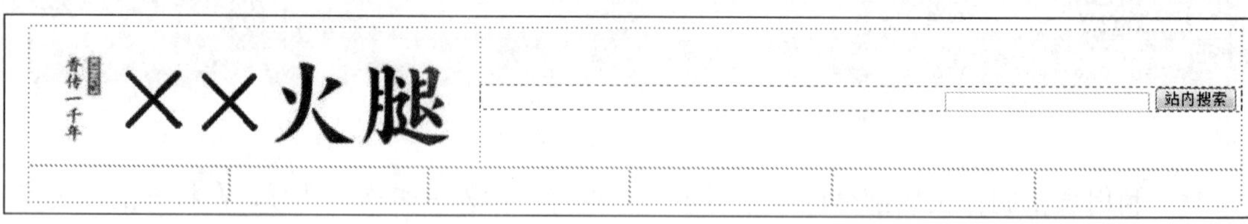

图 5-9　表格第一行单元格设置效果

3）在表格第二行单元格中输入文字“首页”“火腿博物馆”“关于××”“品牌产品”“新闻资讯”“××招聘”，如图 5-10 所示。

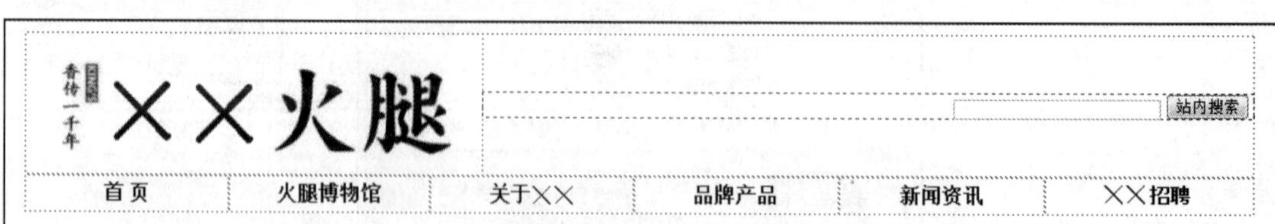

图 5-10　输入文字

4）利用表格制作主体新闻部分和页脚部分，具体操作步骤此处不详述，效果如图 5-11 所示。

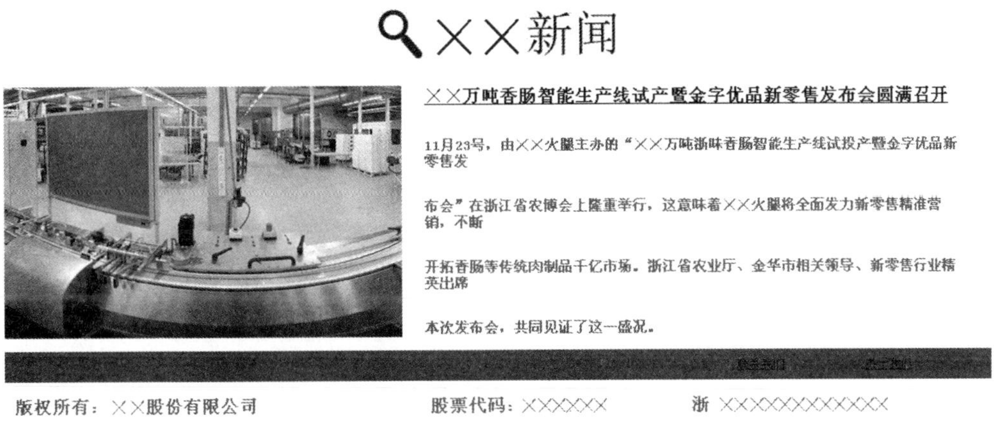

图 5-11　主体新闻部分和页脚部分

5.2　页面促销模块制作

利用表格布局使页面初具规模，可以完成整个页面的制作，但形式过于单一，我们可以在页面中放入一些活动信息。

下面介绍图片轮播效果的制作方法。

所谓轮播，就是几张图片以一定的时间间隔进行循环播放。店铺促销应该放在网站首页中最重要的位置，但是因为活动的多样性，几张图片就需要用轮播的方式来呈现。轮播的设置可以是左右切换的，轮播的内容可以是新品的推广或优惠的海报等。例如，××首页网站中的轮播效果如图 5-12 所示。

图 5-12　轮播效果

1）打开 Dreamweaver CS6，选择“插入→表格”选项，在打开的“表格”对话框中插入一个 1 行 1 列的表格。

2）将鼠标指针放到表格中，选择“插入→布局对象→AP Div”选项，如图 5-13 所示，插入一个 AP Div。

3）将鼠标指针放到新建的 AP Div 中，选择“插入→图像”选项，在打开的“选择图像源文件”对话框中选择一张需要插入的图片，单击“确定”按钮。插入图片后的效果如图 5-14 所示。

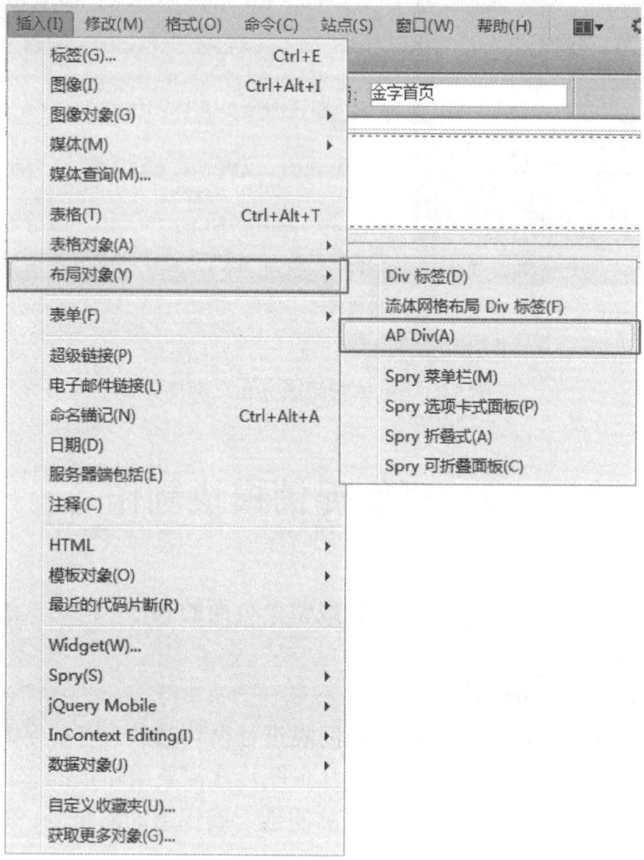

图 5-13　选择“AP Div”选项

图 5-14　插入图片后的效果

4）按照上述方法依次添加其他两个 AP Div，并在其中插入图片。

5）再插入一个 AP Div，然后在其中添加一个 1 行 3 列的表格。

6）将鼠标指针放到表格第一个单元格中，选择“插入→表单→按钮”选项，如图 5-15 所示，并将其属性值改为 1。

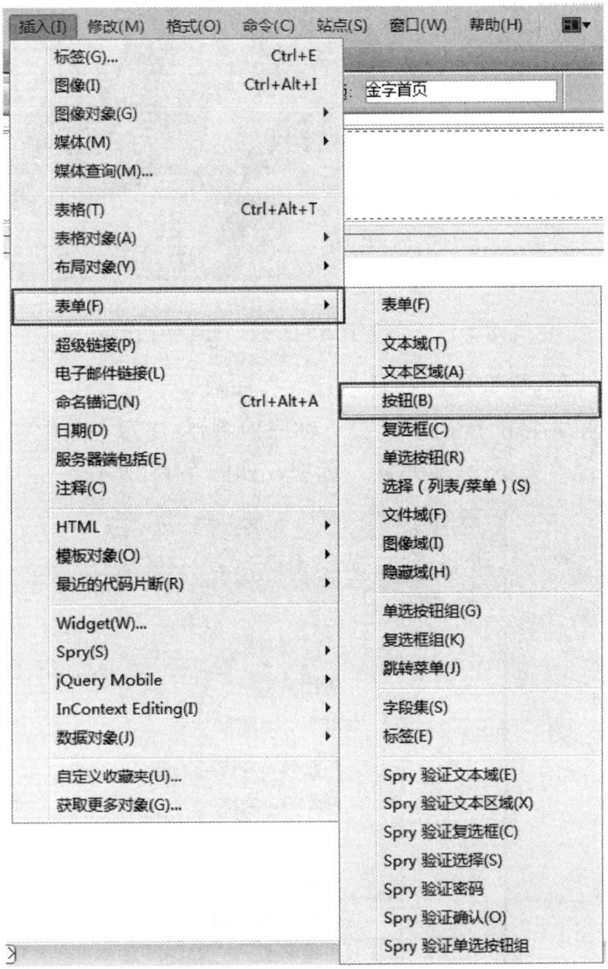

图 5-15　选择“按钮”选项

7）按照上述步骤依次为表格的第二个单元格和第三个单元格添加一个按钮，并将属性值改为 2 和 3，添加 3 个按钮后的效果如图 5-16 所示。

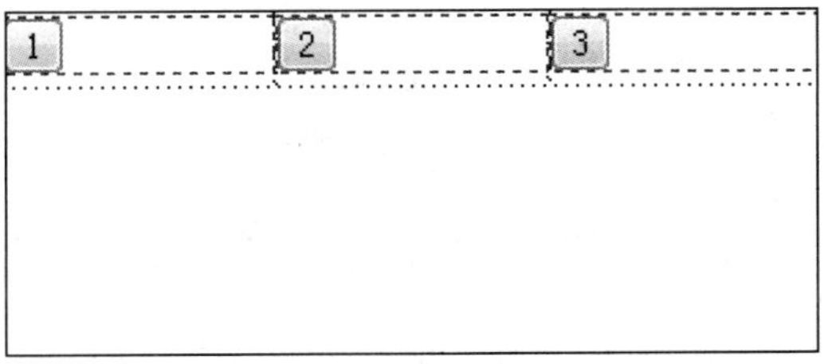

图 5-16　添加 3 个按钮后的效果

8）将 3 个 AP Div 移到同一个区域，如图 5-17 所示。

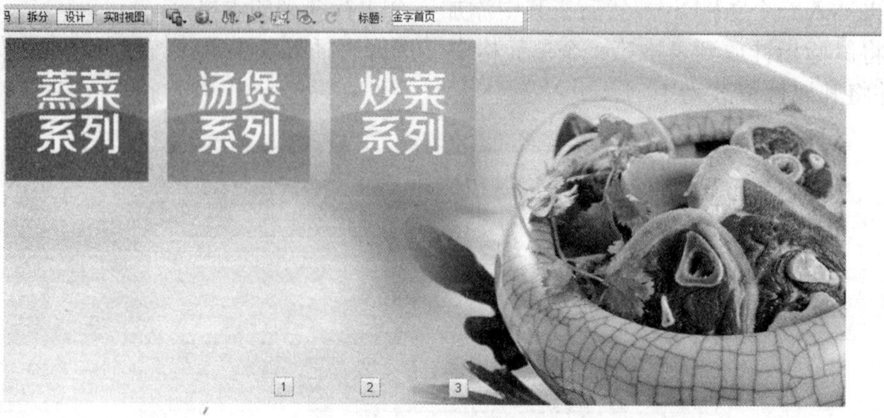

图 5-17　将 3 个 AP Div 移到同一个区域

9）选择“窗口→行为”选项，打开“行为”面板。

10）单击第一个单元格的按钮，单击“标签检查器-行为”面板中的添加行为按钮，在弹出的下拉列表中选择“显示-隐藏元素”选项，如图 5-18 所示。

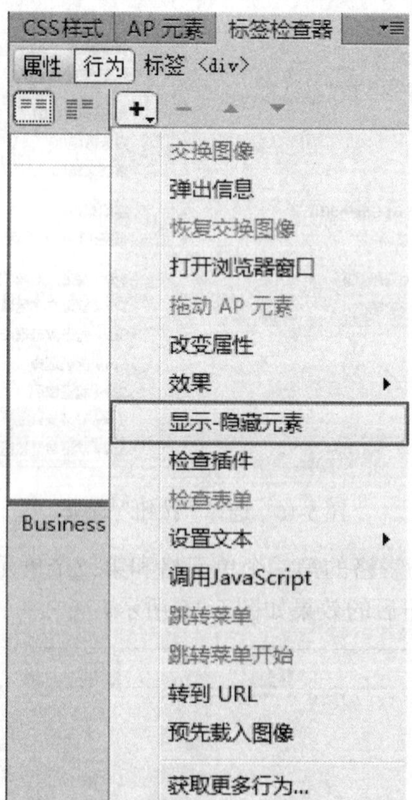

图 5-18　选择“显示-隐藏元素”选项

11）在打开的“显示-隐藏元素”对话框中，将 apDiv1 设置为显示，将 apDiv2 设置为隐藏，将 apDiv3 设置为隐藏，apDiv4 可以设置为显示，也可以不设置（默认显示），如图 5-19 所示，设置完成后单击“确定”按钮。

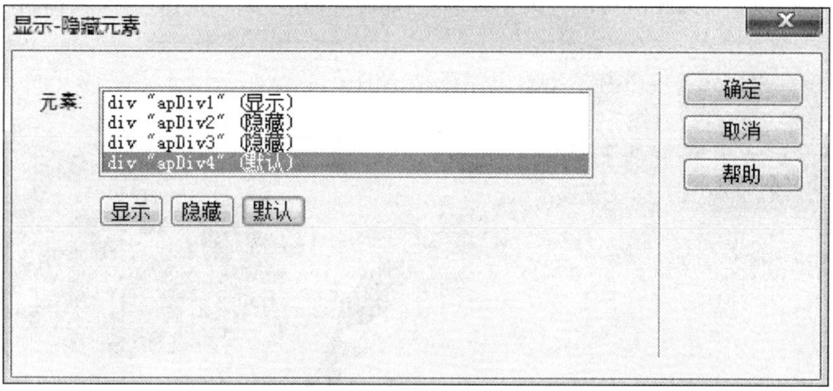

图 5-19　“显示-隐藏元素”对话框

12）单击“行为”面板左侧的“onFocus”下拉按钮，在弹出的下拉列表中选择“onMouseOver”（鼠标经过事件）选项，如图 5-20 所示。

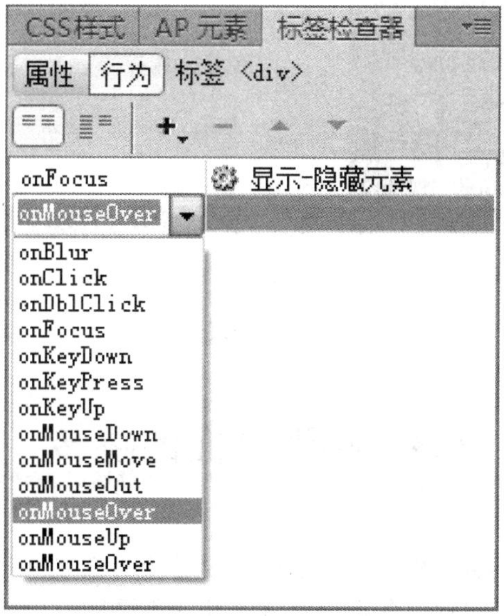

图 5-20　选择“onMouseOver”选项

13）按照上述步骤，依次把表格第二个单元格和第三个单元格的按钮按照图 5-19 进行设置。

14）保存后，按 F12 键在浏览器中查看效果，最终效果如图 5-21 所示。

图 5-21 最终效果

5.3 实现页面的跳转

一个网站往往由多个网页文件组成，这就需要各个页面之间进行相互跳转，使网页形成一个有机整体。链接实现了网站内各页面之间，甚至不同网站之间页面的相互跳转。超链接是指从一个网页指向另一个目标的连接关系，也可以理解为从一个网页跳转到另一个网页，还可以是同一网页的不同位置，可以是一个文件、一个邮箱地址、一张图片，甚至是一个应用程序。

1. 超链接的分类

按照链接路径的不同，网页中的超链接一般分为以下 3 种类型：内部链接、锚点链接和外部链接。

内部链接是指同一网站域名下的内容页面之间的互相链接。

锚点链接是指同一页面内部的链接，常用于网页很长时，可以在网页适当位置插入“锚点”，链接到“锚点”就可以快速到达指定位置。

外部链接是指来自网站之外的链接，单击此类链接，会跳转到其他网站的页面，这类链接的地址通常是 URL 地址。

根据使用对象的不同，网页中的链接又可以分为文本超链接、图像超链接、E-mail 链接、锚点链接、多媒体文件链接、空链接等。

2. Dreamweaver 软件中绝对路径、相对路径的区分

网页中的路径大体可分为绝对路径和相对路径。

绝对路径：指完整路径，不管源文件在什么位置，通过绝对路径都可以准确地找到目标文档。例如，C 盘的 Images 目录下有一个 pic1.jpg 图像，那么它的路径就是 c:Images/pic1.jpg。绝对路径的缺点是当站点文件夹在同一服务器上时，容易造成链接失败，其通常只用于链接到其他站点的文件中。

相对路径：利用文件夹的层次结构，指定从当前文档到所链接文件的路径。

3. 超链接方法

超链接方法 1：输入链接地址。选择需要设置超链接的对象，在“属性”面板的“链接”文本框中输入链接地址，如图 5-22 所示。

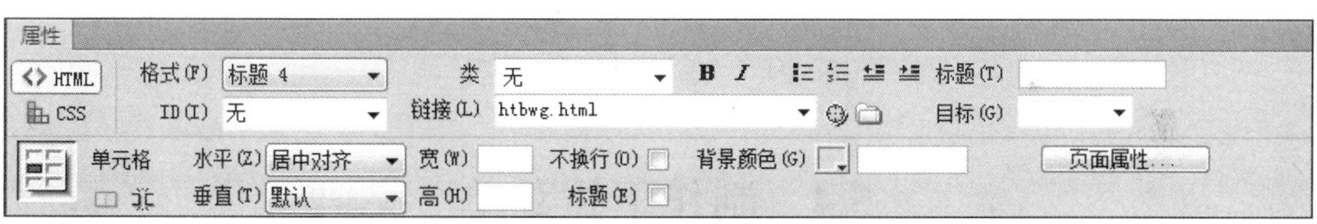

图 5-22　输入链接地址

超链接方法 2：指向文件。选择需要设置超链接的对象，将“属性”面板中的“指向文件”图标拖向“文件”面板中的相应链接的对象，如图 5-23 所示。

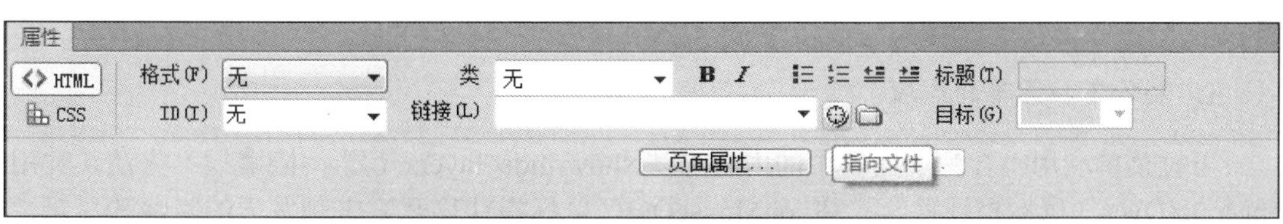

图 5-23　“指向文件”图标

超链接方法 3：浏览文件。选择需要设置超链接的对象，单击“属性”面板中的“浏览文件”按钮，在打开的“选择文件”对话框中，选择相应的文件，如图 5-24 所示，然后单击“确定”按钮即可。

图 5-24 “选择文件”对话框

5.4 制作下拉菜单

下拉菜单是导航中常见的效果之一，用鼠标轻点或将鼠标指针放到其上，就会出现一个更加详细的菜单。下拉菜单不仅节省了网页排版上的空间，使网页布局简洁有序，更使网页增色不少。

1. 制作下拉菜单的原理

下拉菜单利用“行为”面板中的内置方法 show-hide layers（显示-隐藏层）方法，并用 onMouseOver（鼠标指针移至）和 onMouseOut（鼠标指针移开）来触发层的隐藏和显示，而将要出现的菜单放在层中。

2. 制作下拉菜单的步骤

1）打开 Dreamweaver CS6，并新建文件 index.html。

2）设置页面属性：页面字体加粗，上、下、左、右边距皆为 0。

3）单击“插入-布局”面板中的绘制 AP Div 按钮，在页面中拖出一个“层”，并在“属性”面板中设置各参数：在 Layer ID 文本框中输入 daohang，在“左”“上”“宽”“高”文本框中分别输入 20px、15px、1000px、40px，在“背景颜色”文本框中输入#CCCCCC，如图 5-25 所示。

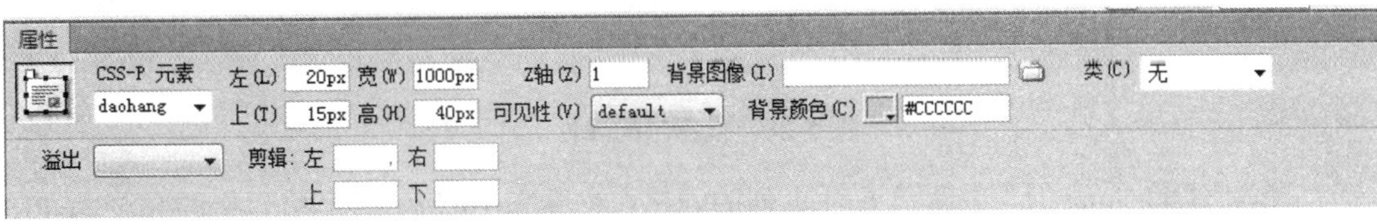

图 5-25 设置各参数

4）将光标停在层内，插入一个 1 行 5 列的表格，设置表格宽度为 100%，单元格边距为 2，其余参数设为 0，如图 5-26 所示。

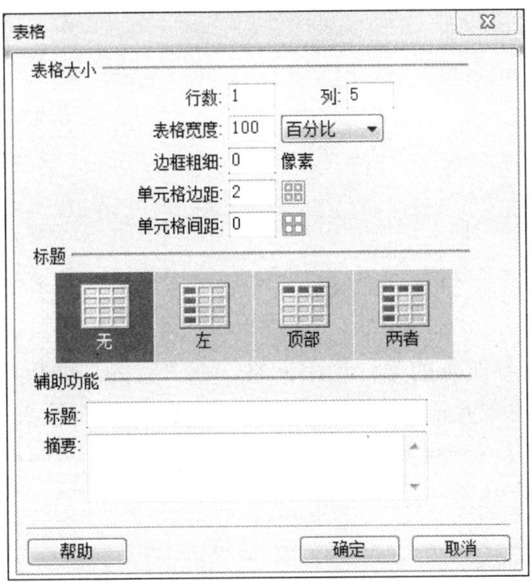

图 5-26 设置表格

5）按住 Ctrl 键不放，分别选取表格的 4 个单元格，然后设置它们的宽度为 166、高度为 40，并在 4 个单元格中分别输入“首页”“火腿博物馆”“关于××”“品牌产品”“新闻资讯”“××招聘”作为主导航名。设置单元格水平为“居中对齐”，如图 5-27 所示。

图 5-27 设置单元格并输入文字

6）单击“绘制 AP Div”按钮，在“首页”下再创建一个“层”，在“属性”面板中设置其属性，如图 5-28 所示。

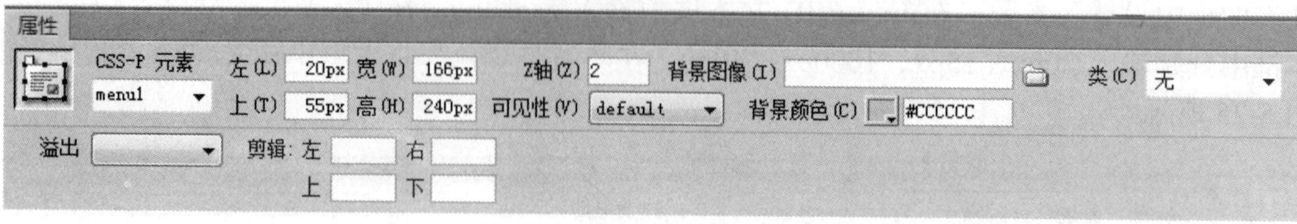

图 5-28　设置层的属性

7）在新建的“menu1”中新建 6 行 1 列的表格，宽度为 100%，每个单元格的高度为 40，并在各单元格中输入文字，如图 5-29 所示。

图 5-29　新建表格并输入文字

8）选中“daohang”导航条的第一个单元格，在“行为”面板中选择“显示-隐藏元素”选项，在打开的“显示-隐藏元素”对话框中设置“menu1”为显示，如图 5-30 所示。

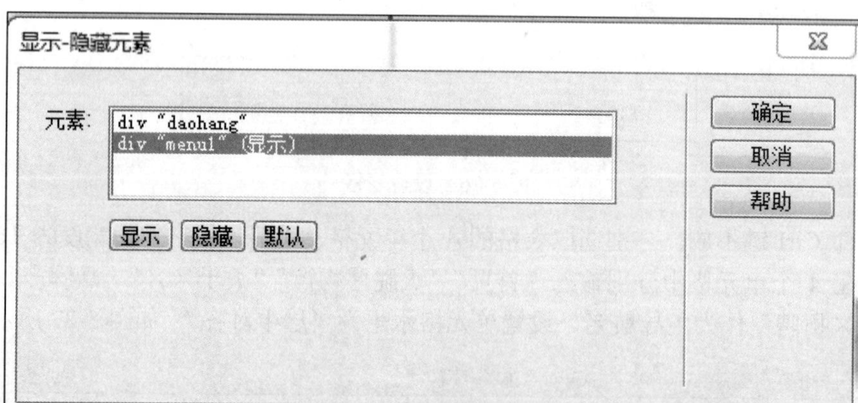

图 5-30　设置“menu1”为显示

9）返回到“行为”面板，选择鼠标事件为“onMouseOver”，如图 5-31 所示。

10）选中“daohang”导航条的第一个单元格，在“行为”面板中选择“显示-隐藏元素”选项，设置“menu1”为“隐藏”，设置鼠标事件为“onMouseOut”，如图 5-32 所示。

11）选中“menu1”，在“行为”面板中选择“显示-隐藏元素”选项，设置“menu1”为“显示”，设置鼠标事件为“onMouseOver”。

12）再次选中“menu1”，在“行为”面板中选择“显示-隐藏元素”选项，设置“menu1”为“隐藏”，设置鼠标事件为“onMouseOut”。

13）选择“AP 元素”面板，选择“menu1”，令其初始状态为“隐藏”，如图 5-33 所示。

14）按 F12 键，预览下拉菜单网页效果。

图 5-31　选择鼠标事件

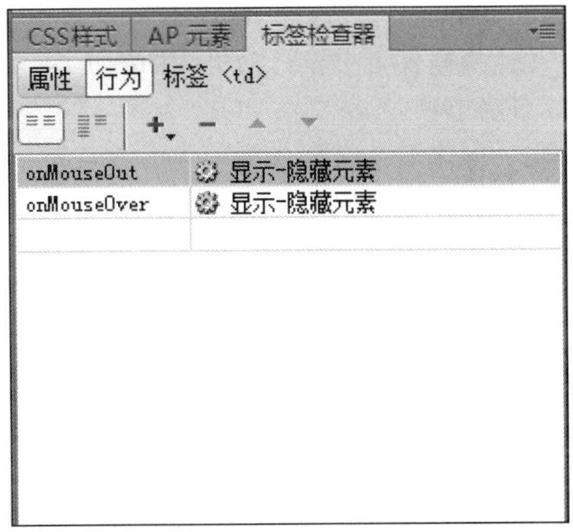

图 5-32　设置“menu1”为“隐藏”

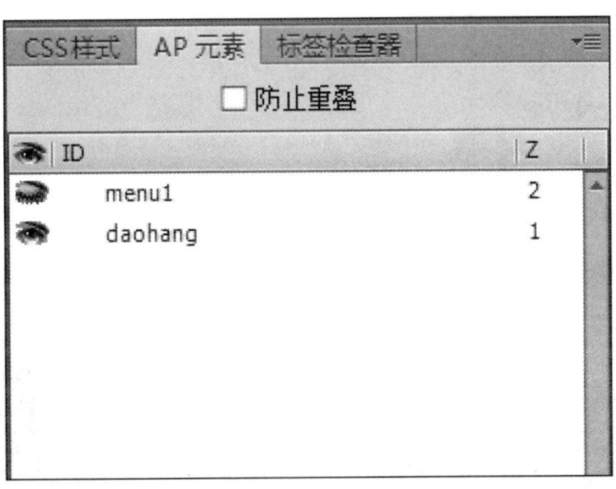

图 5-33　“AP 元素”面板

思考与练习

1．建立自己的网页站点。

2．新建首页并设置页面属性（首页命名为 index.htm 或 default.htm，注意新建网页所在位置）。

3．使用表格布局网页页面的方法。

4．在网页中制作下拉菜单。

技能实训

1．制作一个图文并茂的网页。

2．根据任务书设计效果图中的页面。

任务书：

1）制作浪莎官网首页，网页命名为 index.html。

2）在 D 盘新建站点文件夹，图片文件夹命名为 images。

3）设置页面属性：页面文字设置为宋体，大小为 12，文本颜色为#000000，左、右、上、下边距均为 0，网页标题为“浪莎首页”。

4）添加页面元素，使用表格布局网页，表格尺寸为 1000，边框为 0，间距为 0、边距为 0，居中对齐。

5）按照效果图要求进行 logo 和导航设置。

6）插入海报图，并对 lun1.png 和 lun2.png 进行轮播图设置。

7）按要求进行浪莎新闻的设置，左边插入图片，右边设置文本。

8）按图片效果制作版权所有部分，设置“联系我们”和“关注我们”为空链接。

9）预览检查后，保存页面“index.html”。

效果图如图 5-34 所示。

图 5-34　效果图

第6章

电子商务网站的管理

知识目标

1）掌握管理站点的方法。
2）掌握网站日常维护的操作方法。

能力目标

具备网站日常维护的基本能力。

网站建好后并不是一劳永逸的，还需要精心地运作才会显现成效。网站是企业虚拟的办公地点，所以应当有人看管，网站管理员就是监守网站这个虚拟办公室的人员。他是网站的用户和合作伙伴等一切网站来客的联络人，同时又肩负着这个虚拟办公室的日常运营及维护的重任。网站管理员，顾名思义就是管理网站的人。就网站的特殊性而言，网站好比是企业运营的电子版，只有不断地进行建设、维护和更新，才能与企业的发展同步。网站建成以后一定要设置网站管理员，这里所说的网站管理员包括所有的技术人员和网页日常维护人员。

6.1 电子商务网站的运行管理

6.1.1 站点文件的管理

当发布站点后，需要继续维护该站点，并且自始至终都需要不断地对站点进行故障排除。

1）使用“文件”面板能够查看站点，默认情况下，系统会显示本地站点，更改“文件”面板布局后可查看远程站点或测试服务器。展开“文件”面板可得到拆分视图，站点面板包含一个集成的文件浏览器，除当前站点之外，还可以在该文件浏览器中浏览本地磁盘和网络。

默认情况下，“文件”面板集成在Dreamweaver集成工作区中。

用户可在必要时移动“文件”面板或打开和关闭它，还可以展开该面板以得到站点的拆分视图。在拆分视图中，可以选择查看本地站点和远程站点、测试服务器及站点地图。

如果要打开或关闭“文件”面板，可选择“窗口”→“文件”选项。

如果要展开或折叠“文件”面板，单击“文件”面板中的展开面板/折叠为图标按钮即可。

使用“文件”面板中的按钮和选项，可以确定“文件”面板显示的内容并传输文件。

2）设置“文件”面板参数。可以在“首选参数”对话框中设置“文件”面板的文件传输功能，具体操作如下。

① 单击“文件”面板右侧的下拉按钮，在弹出的下拉列表中选择“文件”→“在浏览器中预览”→“编辑浏览器列表”选项，打开“首选参数”对话框，从左侧“分类”列表框中选择“站点”选项。

② 按照实际需要设置选项。

③ 单击“确定”按钮。

3）可以通过设置“文件视图列”定义所选定的列，包括将列重新排序、添加新列、删除列、隐藏列、指定将与连接到站点的所有用户共享的列。

默认列为“名称”“备注”“大小”“类型”“修改”“取出者”。

若要打开“文件视图列”对话框，可单击“文件”面板右侧的下拉按钮，在弹出的下拉列表中选择“站点”→“管理站点”选项，打开“管理站点”对话框，然后选择一个站点，在打开的对话框中的“高级设置”选项卡中选择“文件视图列”选项即可。

4）在查看远程站点或测试服务器之前，必须先设置一个远程站点或测试服务器。在查看存储库地图之前，必须先设置一个主页。

① 要在“文件”面板中打开站点，从站点下拉列表中选择一个站点即可。

② 若要在“文件”面板折叠的情况下更改当前站点视图，其具体操作如下：在折叠的“文件”面板中，从当前站点下拉列表中的“本地视图”“远程服务器”“测试服务器”“存储库视图”选项进行选择。默认情况下为“本地视图”。

③ 若要在“文件”面板展开的情况下更改站点视图，其具体操作如下：在展开的“文件”面板中，单击“文件”面板工具栏上的“远程服务器”按钮、“测试服务器”按钮或“存

储库文件”按钮。

使用“文件”面板，可以按照文件列表查看站点、打开文件、重命名文件、向站点添加文件夹或文件，以及在进行更改后刷新站点的视图。

也可以使用“文件”面板来确定本地或远程站点中哪些文件在上次传输后进行了更新。

6.1.2　网站的维护

电子商务网站建成以后，一定要设置网站管理员。这里说到的网站管理员包括所有的技术人员和网页日常维护人员。

1. 网站管理员应具备的能力

一个真正的网站管理员，应当对网络硬件和操作系统都有较为深入的了解。也就是说，作为网站管理员，应当熟悉网络设备的性能、连接与配置，掌握网络服务的搭建、配置与管理，深入了解网络协议和网络安全，熟练使用网络诊断软件工具，及时排除网络故障。其应具有以下能力。

（1）自学能力

网站管理员应当拥有强烈的求知欲和非常强的自学能力。第一，网络知识和网络技术不断更新，需要继续学习的内容非常多。第二，课本知识仅是入门基础，解决网络管理中的实际问题，许多知识都要从头学起。第三，网络设备和操作系统非常繁杂，各具不同功能，适用于不同的环境和需求，需要全面了解、重点掌握。

（2）英文阅读能力

由于绝大多数新的理论和技术是英文资料，网络设备和管理软件说明书大多也是英文，因此网站管理员必须掌握大量的计算机专业词汇，从而能够流畅地阅读原版的白皮书和技术资料。提高阅读能力最简单的方法就是，先选择自己熟悉的技术，然后登录厂商的官方网站，阅读技术白皮书，从而了解技术文档的表述方式。遇到生词时，可以使用电子词典在线翻译。

（3）动手能力

作为网站管理员，需要亲自动手处理网站技术问题，如网络设备的连接、网络服务的搭建、交换机和路由器的设置、综合布线的实施、服务器扩容与升级等。所以，网站管理员必须具备很强的动手能力。当然，动手前应认真阅读技术手册，进行必要的理论准备。

（4）创造和应变能力

硬件设备、管理工具、应用软件所提供的直接功能往往是有限的，而网络需求却是无限的。利用有限的功能满足无限的需要，就要求网站管理员具有较强的应变能力，利用现有的功能、手段和技术，创造性地实现各种复杂的功能，满足用户的各种需求。以访问列表为例，利用对端口的限制，除了可以限制对网络服务的访问外，还可用于限制蠕虫病毒的传播。

（5）观察和分析判断能力

网站管理员应具有敏锐的观察能力和出色的分析判断能力。出错信息、日志记录、LED（light emitting diode，发光二极管）指示灯等，都会从不同侧面提示可能导致故障的原因。对故障现象观察得越细致、越全面，排除故障的机会也就越大。另外，通过经常、认真地观察，还可以及时排除潜在的网络隐患。网络是一个完整的系统，故障与原因的关系复杂，既可能是一因多果，也可能是一果多因。所以，网站管理员必须用全面、动态和系统的眼光分析问题，善于进行逻辑推理，从纷繁复杂的现象中发现事物的本质。

2. 网站管理员的工作职责

网站管理员具有以下职责。

（1）及时与网站拜访者联络

客户拜访企业网站后会对某个问题进行留言或发电子邮件，这些人就是网站的潜在客户，应该给予必要的关注，对他们提出的问题及时处理并回复，这样有助于树立良好的企业形象，进一步增加网站回头客的数量。反之，如果没有设置网站管理员处理拜访者的留言或电子邮件，会急剧削减网上拜访者的数量。所以，一定要对拜访者的留言或电子邮件及时回复。

网站管理员还应该与企业各有关部门联络、及时编纂、安排网站关联的信息内容，使网站处于一种生机状态下，成为信息反馈中枢，每天查看网站的运转状况和通信状况，发现并及时处理问题。

（2）对网站进行技术管理

一些网站在建立初期，未能将信息悉数安排到位，这种状况是很常见的，关键是要在建站之后，不断地对网站进行更新、弥补、保护前史材料。若是建站一段时间后网站仍然没有更多的内容，也从不更新，乃至出现链接断层、界面零乱、文件丢失等问题，只会使辛苦建立起来的网站变成摆设。重复拜访企业网站的拜访者，必定是对企业有爱好，是企业的潜在客户，而能否成为企业的事务目标，就在于网站能否为这些潜在的客户提供必要的服务了。在这种状况下，一个不稳定的网站对于企业事务体系来说是致命的：一个因网络不通而被拒付的客户，他首先看到的是这个企业网站的服务质量，而不是网络质量。因而，网络不能被孤立地对待，必须将其视为企业的一部分。对于一个信息化的企业来说，网络就是事务，必须从事务的视点来看待网络管理，高效率的网络管理手法是事务的生长保证。

（3）对网站安全进行监控

网站是对外开放的，要方便每个来客访问，但是，应注意网站的安全问题，即要避免某些心怀不轨的来客对网站进行破坏，他们或修改网页进行恶作剧，或损坏体系秩序，或施放病毒使体系陷入瘫痪或盗用磁盘空间建立本人的个人主页或爱好站点，或进行电子邮件打扰，或搬运资金账户，盗取金钱。针对安全威胁问题就需要网站管理员对网站进行严密的防护，设置防火墙，选用加密算法进行密钥传输，进行用户身份认证等管理操作。但这样做还远远不够，由于网络安全的强度只取决于网络中最弱衔接的强弱程度，所以要及时发现网站的缝隙并保护。若是没有网络管理员或网络管理员的管理水平较低，将会为网站留下许多安全隐患。寻觅网络中的薄弱环节和安全缝隙是每个体系管理员和网络入侵者都会做的一件事，体系管理员查找缝隙的意图在于加强防护，而网络入侵者的意图在于找到占领点。网络管理员要根据网络的运行状况及组件在网站建立中的运用，使工作站或操作体系的数量和类型的改变随装备做相应的调整。

6.1.3 网站维护的主要内容

1. 网站内容的维护和更新

首先看网站文章内容的整体编辑思路、网站内容参数、标题、排版、关键词、超链接、描述、Tag 标签、内容编辑、相关文章、锚文本、其他细节等。从上面可以看出，网站文章内容的发布也是非常有学问和值得我们去深入研究的，网站中一篇好的文章的产生需要很多技术的支持，需要考虑到搜索引擎优化中的各项指标，如标题、关键词、描述、链接等。

2. 定期检测网站，保证服务器的正常工作

无论是服务器还是网站，都必须注重安全问题，否则就会导致无法挽救的损失，所以定期对网站进行安全检测及漏洞修复是必须要做的事情。我们可以在百度搜索中找到很多网站安全检测的平台，很多负责安全方面工作的公司都有推出这样的安全检测平台供大家使用。打开网页，在文本框中输入网址，然后进行检测即可。检测之后就可以看到出现的问题及所打的分数。

3. 收集网站数据和用户信息

目前网站分析数据的收集方式主要有 3 种：Web 日志方式、JavaScript 标记方式和包嗅探器方式。

（1）Web 日志方式

网站分析数据的收集从网站访问者输入 URL 向网站服务器发出 HTTP 请求开始，网站服务器接收到请求后会在自己的 Log 文件中追加一条记录，记录内容包括：远程主机名（或 IP 地址）、登录名、登录全名、发请求的日期、发请求的时间、请求的详细信息（包括请求的方法、地址、协议）、请求返回的状态、请求文档的大小等。随后网站服务器将页面返回访问者的浏览器内并展现出来。

一些专业的工具厂商会有专门的处理服务器对大量的 Log 数据进行处理，并将处理后的数据存入自己的数据库中。网站经营人员通过访问分析报表系统查看网站的分析数据。也有一些中小网站出于成本的考虑不会求助于专业的工具厂商，他们会借助简单的网站日志分析软件完成对 Log 数据的处理，当然处理后的数据会有一定的局限性。

（2）JavaScript 标记方式

JavaScript 标记同 Web 日志收集数据一样，从网站访问者发出 HTTP 请求开始。不同的是，JavaScript 标记返回给访问者的网页代码中会包含一段特殊的 JavaScript 代码，在页面展示的同时这段代码也得以执行。这段代码会从访问者的 Cookie 中取得详细的信息（访问时间、浏览器信息、工具厂商赋予当前访问者的 userID 等）并发送到工具厂商的数据收集服务器。数据收集服务器对收集到的数据处理后存入数据库中。网站经营人员通过访问分析报表系统可查看这些数据。

JavaScript 标记方式以其快捷性和精确性已经得到了大多数工具厂商的青睐，已经发展成为当前较为流行的数据收集方式。

（3）包嗅探器方式

网站访问者发出的请求到达网站服务器之前，会先经过包嗅探器，然后包嗅探器会将请求发送到网站服务器。包嗅探器收集到的数据经过工具厂商的处理服务器后存入数据库。随后网站经营人员就可以通过分析报表系统看到这些数据。

4. 定期更新、动态维护

较高的网站更新频率，使网站内容最大限度地为搜索引擎所收录，通过搜索引擎找到网站是吸引更多访客的切入点。更多的切入点、更好的网站文章，会吸引浏览者访问网站，或许他们就是你的潜在客户。

网站大多有自己的后台页面，只有管理员才能进入，可进行资料的修改、添加等操作，而用户是看不到的。后台的页面是在制作网站时就已经完成的，而动态维护主要是指管理员在后台界面下进行的相关操作。

5. 网站故障恢复

建立全面的资料备份及灾难恢复计划，做到有备无患；网站系统遭遇突发严重故障而导致网络系统崩溃后，能在最短的时间内进行恢复；在重要的文件资料、数据被误删或遭病毒感染破坏后，通过技术手段尽力抢救，争取恢复。

6. 网上推广与营销不可缺少

网站推广会给网站带来访问量，但这很可能只是昙花一现，真正想提高网站的知名度和有价值的访问量，只有依靠老顾客。网站应当经常有吸引人的、有价值的内容，使浏览者能够经常访问。

网络营销推广简单来说分为付费推广和免费推广，我们常见的付费推广有搜索引擎竞价、新媒体信息流广告投放，以及各种媒体和网站广告投放等。竞价排名的弊端很明显：花钱买排名，谁花的钱越多则排名越靠前。免费推广也有很多，现在每个企业较常用的一些推广方式有以下几种。

1）创建公司地图，如百度地图、高德地图、360 地图、微信地图等。

2）创建企业百科，让用户了解公司的经营范围及公司的基本信息。

3）做好百度系列产品，如百度知道、百度文库、百度贴吧、百度经验等。

4）做好各种博客，如新浪博客、网易博客、豆瓣、简书等。

5）做好各种自媒体，如百度号、搜狐自媒体、今日头条、网易自媒体、大鱼号、一点资讯等。

6）做好论坛和分类信息，以及 B2B 平台信息等。

7. 不断完善网站系统，提供更好的服务

要不断对企业网站进行 META 标签优化、W3C 标准优化、搜索引擎优化等合理的优化操作，确保企业网站的页面布局、结构和内容对访问者和搜索引擎都更加亲和，使企业网站能够更多地被搜索引擎收录，以及赢得更多潜在消费者的注目和好感。

8. 网站备份

对服务器上的数据进行定期备份是很重要的。网站的核心是数据，数据一旦遭到破坏，后果不堪设想。除了设置相应的权限外，还应建立一个正式的备份方案，而且随着网站的更新，备份方案也需要不断地调整。

6.2 电子商务网站的安全管理

网站的安全包括网站的系统安全和网站的信息安全。如果是租用的虚拟主机或申请的网页空间，那么安全的主要工作由提供商承担，但还是有许多问题需要考虑。如果是拥有自己的服务器，那么就必须全面地考虑网站安全的问题。

网站安全是指利用网站管理的控制和技术措施，保证在一个网站环境中，信息数据的机密性、完整性及可使用性受到保护。

网站安全的主要目标是要确保经网站传送的信息，在到达目的站时没有任何增加、改变、丢失或被非法读取。要做到这一点，就必须保证网站系统软件、应用软件系统和数据库系统具有一定的安全保护功能，并保证网站部件（如终端、路由器和防火墙等）的功能不变，而且仅仅是那些被授权的人才可以访问。

6.2.1 网站所面临的安全问题

1. 网络的安全漏洞

除了自然灾害外，通常将网络的安全漏洞分为两大类：①软硬件系统平台的安全漏洞，其中包括无意的漏洞和有意的漏洞；②自身的人为安全隐患，不管是有意的还是无意的，人为因素往往对网站安全有着重要的影响。

（1）系统平台的安全漏洞

网站出现安全隐患通常是网站被攻击，攻击的主要内容有挂马、篡改信息（篡改文字、图片、链接）、添加隐藏链接、添加非法图片等。网站存在不良信息绝大部分是由于一些人通过技术手段非法获得了网站管理控制权限，他们利用非法权限牟取私利、散播谣言；另一方面是权限账户泄露，以及由权限账户泄露导致的网站被更改。由于这些权限是合法的，因此普通的安全产品基本无法有效做出判断，也就无从防御。

（2）自身的人为因素

企业信息安全是一个比较新的领域，目前还缺少比较完善的法规。现有的法规，由于相关安全技术和手段还没有成熟和标准化，也不能很好地被执行，安全标准和规范的缺少，导致无从制定合理的安全策略并确保此策略能被有效地执行。企业的信息系统安全问题是一个系统工程，涉及计算机技术和网络技术及管理等方方面面，同时，随着信息系统的延伸和新兴技术集成应用升级换代，它又是一个不断发展的动态过程。因此，对企业信息系统运行风险和安全需求应进行同期化的管理，不断制定和调整安全策略，只有这样，才能在享受企业信息系统便利高效的同时，把握住信息系统安全的大门。

一个企业的信息系统是企业全体人员参与的，若不考虑全员参与的信息安全方案，则会忽视信息安全中最关键的因素——人，因为他们才是企业信息系统的提供者和使用者，他们是影响信息安全系统能否达到预期要求的决定因素。在众多的攻击行为和事件中，发生最多的安全事件是信息泄露事件。攻击者主要来自企业内部，而不是来自企业外部，针对内部人员的泄密行为，目前还没有成熟的、全面的解决方案，来自企业内部信息泄密的安全问题，一直是整个信息安全保障体系的难点和弱点所在。

2. 网络的攻击方式

网络中的攻击方式主要有两种，即主动攻击和被动攻击。

（1）主动攻击

主动攻击会导致某些数据流的篡改和虚假数据流的产生。这类攻击可分为篡改消息、伪造和拒绝服务。

1）篡改消息。篡改消息是指一个合法消息的某些部分被改变、删除，消息被延迟或改变顺序，通常用以产生一个未授权的效果。例如，修改传输消息中的数据，将“允许甲执行操作”改为“允许乙执行操作”。

2）伪造。伪造指的是某个实体（人或系统）发出含有其他实体身份信息的数据信息，假扮成其他实体，从而以欺骗方式获取一些合法用户的权利和特权。

3）拒绝服务。拒绝服务会导致对通信设备正常使用或管理被无条件地终止，通常是对整个网络实施破坏，以达到降低性能、终端服务的目的。这种攻击也可能有一个特定的目标，如到某一特定目的地（如安全审计服务）的所有数据包都被阻止。

（2）被动攻击

被动攻击中的攻击者不对数据信息做任何修改，其是指在未经用户同意和认可的情况下，攻击者获得了信息或相关数据。被动攻击通常包括流量分析、窃听、破解弱加密的数据流等攻击方式。

1）流量分析。流量分析的攻击方式适用于一些特殊场合，如敏感信息都是加密的，攻击者虽然从截获的消息中无法得到消息的真实内容，但能通过观察这些数据报的模式，分析确定出通信双方的位置、通信的次数及消息的长度，获知相关的敏感信息，这种攻击方式称为流量分析。

2）窃听。窃听是最常用的攻击方式，目前应用最广泛的局域网上的数据传送是基于广播方式进行的，这就使一台主机有可能收到本子网上传送的所有信息。而计算机的网卡工作在杂收模式时，它就可以将网络上传送的所有信息传送到上层，以供进一步分析。如果没有采取加密措施，通过协议分析，可以完全掌握通信的全部内容，窃听还可以用无限截获方式得到信息，通过高灵敏接收装置接收网络站点辐射的电磁波或网络连接设备辐射的电磁波，通过对电磁信号的分析恢复原数据信号从而获得网络信息。

由于被动攻击不会对被攻击的信息做任何修改，留下的痕迹很隐秘或根本不留下痕迹，因此非常难以检测，所以抗击这类攻击的重点在于预防，具体措施包括使用虚拟专用网、采用加密技术保护信息及使用交换式网络设备等。被动攻击不易被发现，因而常常是主动攻击的前奏。

6.2.2　网站安全的内容

网站的安全性问题实际上包括两方面的内容，一是网站的系统安全，二是网站的信息安全，而保护网站的信息安全是最终目的。就网站信息安全而言，首先是信息的保密性，其次是信息的完整性。

网站安全的内容大致包括以下 4 个方面。

1. 网站实体安全

网站实体安全包括计算机机房的物理条件、物理环境及设施的安全标准，计算机硬件、附属设备及网站传输线路的安装和配置等。

2. 软件安全

软件安全包括保护网站系统不被非法侵入，系统软件与应用软件不被非法复制、篡改及不受病毒的侵害等。

3. 网站中的数据安全

网站中的数据安全包括保护网站信息的数据不被非法存取，保护其完整和一致等。

4. 网站安全管理

网站安全管理包括对运行时突发事件的安全处理等，包括采取网络安全技术、建立安全管理制度、开展安全审计及进行风险分析等。

6.2.3　网站的安全性能

网站的安全性能主要包括以下 3 个方面。

1. 保密性

保密性是指网络信息不被泄露给非授权的用户、实体或过程，即信息只为授权用户所使用。保密性是在可靠性和可用性基础之上，保障网络信息安全的重要手段。

2. 完整性

完整性的目的是通过阻止威胁或探测威胁，保护可能遭到不同方式危害的数据的完整性和数据相关属性的完整性。许多开放系统应用都有依赖于数据完整性的安全需求。这类需求可以提供包括用于其他安全服务（如认证、访问控制、机密性、审计和不可否认性）中的数据完整性保护。这里所阐述的完整性是以一个数据值的恒定特性来定义的，数据值恒定性的概念包括了数据值被认为等效的不同表达式的所有情况。

完整性服务的目的是保护数据免受未授权的修改，包括数据的未授权创建和删除。通过如下行为，完成完整性服务。

1）屏蔽。从数据生成受完整性保护的数据。

2）证实。对受完整性保护的数据进行检查，以检测完整性故障。

3）去屏蔽。从受完整性保护的数据中重新生成数据。

这些行为不一定使用密码技术。当使用密码技术时，就不必对数据进行变换。例如，屏蔽操作可以通过对数据添加封印或数字签名完成。在这种情况下，在成功证实之后，去屏蔽通过拆去密封或数字签名实现。

3. 可用性

可用性是在某个考察时间，系统能够正常运行的概率或时间占有率期望值。考察时间为指定瞬间，则称为瞬时可用性；考察时间为指定时段，则称为时段可用性；考察时间为连续使用期间的任一时刻，则称为固有可用性。它是衡量设备在投入使用后实际使用的效能，是设备或系统的可靠性、可维护性和维护支持性的综合特性。

可用性是交互式 IT 产品/系统的重要质量指标，指的是产品对用户来说有效、易学、高效、好记、少错和令人满意的程度，即用户能否用产品完成任务，效率如何、主观感受怎样，实际上是指从用户角度所看到的产品质量，是产品竞争力的核心。

实际中对可用性的定义：可用性是指技术很容易有效地被特定范围的用户使用，经过特定培训和用户支持，在特定的环境中去完成特定范围的任务。

这个定义包含了几个方面的含义：①可用性不仅是涉及界面的设计，也涉及整个系统的技术水平。②可用性是通过人为因素反映的，通过用户操作各种任务去评价。③环境因素必须被考虑在内，在各个不同领域，评价的参数和指标是不同的，不存在一个普遍适用的评价标准。④要考虑非正常操作的情况，如用户疲劳、注意力比较分散、紧急任务、多任务等具体情况下的操作。一般来说，可用性被表达为对用户友好、直观、容易使用、不需要长期培训、不费脑子等。

6.2.4 网站的安全因素

网站的安全因素是多方面的，从网站组成结构上分有计算机信息系统的，有通信设备和设施的；从内容上分有技术上的，有管理上的；从管理上分有内部的和外部的。具体来说，网站的安全因素主要有以下几个方面的问题。

1. 网站系统软件自身的安全问题

大部分网站开发者和设计人员对网站攻防技术的了解甚少，他们在建站中通常只会考虑如何让用户正常使用该网站。这些设计人员几乎不关注安全代码设计，也很少考虑网站应用开发过程中所存在的漏洞。但是网站自身存在的这些漏洞会被网络攻击者不断地挖掘出来，网络攻击者也会利用这些漏洞直接或间接地获取利益，致使网站蒙受巨大的损失。

2. 网站系统中数据的安全问题

很多网站的防御措施过于落后，一些基于特征识别的入侵防御技术和内容过滤技术，并不能很好地抵御网络攻击者攻击，也就达不到保护网站的目的。例如，SQL 注入和跨站脚本这种特征不唯一的网站攻击，如果网站采用的是基于特征匹配技术防御攻击，网站攻击并不能精确地被阻断。这也是目前为什么很多网络攻击者都选择 SQL 注入作为入侵网站的首选攻击技术之一。

3. 传输线路的安全与质量问题

同轴电缆、双绞线、光纤或无线方式引入了新的物理安全暴露点，被动入侵方式如搭线窃听、主动方式如模拟对方进行窃听。利用计算机通信设备天然存在的电磁泄漏进行窃取活动，也是一个重要的安全隐患。部分对整体的安全威胁，任意单一组件的失密都可能造成整个网站的安全失败。从安全的角度来说，没有绝对安全的通信线路。同时，无论采用何种传输线路，当线路的通信质量不好时，将直接影响连网效果，严重的时候甚至导致网站中断。例如，当通信线路中断时，计算机网站也就中断，这还比较明显。而当线路时通时断、线路衰耗大或串音杂音严重时，问题虽然不那么明显，但是对通信网站的影响却是相当大，可能会严重地危害通信数据的完整性。为保证好的通信质量和网站效果，就必须有合格的传输线路，如在网线电缆中，应尽量挑选最好的线路作为计算机连网专线，以得到最佳的效果。

4. 网站安全管理的问题

网站防御不佳的另外一个原因是网站管理员对网站的价值认识不清。一些网站管理员对网站安全的重要性并没有给予足够的重视，他们认为一个网站的价值要么就是一台服务器，要么就是网站的建设成本。基于这种错误的认识，他们认为不值得为这个服务器增加超出其成本的网站安全防护措施。

事实上，当一个网站在遭到攻击后带来的损失是无法用一个服务器或网站建设成本来衡量的。企业网站的信息资产在被网络入侵者攻击后（如用户资料的窃取），就会使企业承担无形价值的流失。所以，负责网站安全的单位和人员必须要对网站价值有正确的认识，加强对网站安全防护措施重要性的认识。只有在意识到网站安全的重要性后，才会投入足够的物力和人力资源去改善网站的防御措施，真正达到良好的网站防御水平。

网站的典型攻击步骤如下。

1）窥视。相当于通常的窃贼在远处张望一家民居一样，网络入侵者首先利用一些网络工具来确定这些系统在 Internet 上的位置和结构，发现目标系统的外围安全设备类型和结构，并确定侵入点。

2）外围侦察。相当于现实当中的窃贼打开门锁。已经确定目标和侵入点的网络入侵者，通过外围安全设备的薄弱环节进入网络的正常服务，如通过电子邮件系统和主页系统进入网络。

3）寻找内部落脚点。一旦入侵者获得了进入网络的权利，那么下一步便是在外围设备中为自己寻找一个安全的、不易被发现的落脚点。通常，入侵者会找到一个能够获得用户权限的主机作为落脚点。落脚点确定后，外部入侵者就变成了系统内部人员，这时入侵者会在系统内部寻找可盗窃的财产和可破坏的目标系统。

6.2.5 网站安全策略

1. 物理安全策略

物理安全策略的目的是保护计算机系统、网络服务器、打印机等硬件和通信链路免受自然灾害、人为破坏和搭线攻击等。其采取的措施有验证用户的身份和使用权限、防止用户越权操作；确保计算机系统有一个良好的电磁兼容工作环境；建立完备的安全管理制度，防止非法进入计算机控制室和各种偷窃、破坏活动的发生。

2. 访问控制策略

（1）入网访问控制

入网访问控制是网络访问的第一层访问控制。对用户可规定所能登录的服务器及获取的网络资源，控制准许用户入网的时间和入网的工作站点。用户的入网访问控制分为用户名和口令的识别与验证、用户账号的默认限制检查。该用户若有任何一个环节的检查未通过，就无法登录网络进行访问。

（2）网络的权限控制

网络的权限控制是防止网络非法操作而采取的一种安全保护措施。用户对网络资源的访问权限通常用一个访问控制列表来描述。

从用户的角度，网络的权限控制可分为以下 3 类用户。

1）特殊用户。具有系统管理权限的系统管理员等。

2）一般用户。系统管理员根据实际需要而分配到一定操作权限的用户。

3）审计用户。专门负责审计网络的安全控制与资源使用情况的人员。

（3）目录级安全控制

目录级安全控制主要是为了控制用户对目录、文件和设备的访问，或指定对目录下的子目录和文件的使用权限。用户在一级目录制定的权限对所有目录下的文件仍然有效，还可进一步指定子目录的权限。在网络和操作系统中，常见的目录和文件访问权限有系统管理员权限、读权限、写权限、创建权限、删除权限、修改权限、文件查找权限、控制权限等。一个网络系统管理员应为用户分配适当的访问权限，以控制用户对服务器资源的访问，进一步强化网络和服务器的安全。

（4）属性安全控制

属性安全控制可将特定的属性与网络服务器的文件及目录网络设备相关联。在权限安全的基础上，对属性安全提供更进一步的安全控制。网络上的资源都应先标示其安全属性，将用户对应网络资源的访问权限存入访问控制列表中，记录用户对网络资源的访问能力，以便进行访问控制。

属性配置的权限包括：向某个文件写数据、复制一个文件、删除目录或文件、查看目录和文件、执行文件、隐含文件、共享系统属性等。安全属性可以保护重要的目录和文件，防止用户越权对目录和文件的查看、删除和修改等。

（5）网络服务器安全控制

网络服务器安全控制允许通过服务器控制台执行的安全控制操作包括：用户利用控制台装载和卸载操作模块、安装和删除软件等。操作网络服务器的安全控制还包括设置口令锁定服务器控制台，主要防止非法用户修改、删除重要信息。另外，系统管理员还可通过设定服务器的登录时间限制、非法访问者检测，以及关闭的时间间隔等措施，对网络服务器进行多方位的安全控制。

（6）网络监测和锁定控制

在网络系统中，通常服务器自动记录用户对网络资源的访问，如有非法的网络访问，服务器将以图形、文字或声音等形式向网络管理员报警，以便引起警觉进行审查。对试图登录网络的用户，网络服务器将自动记录企图登录网络的次数，当非法访问的次数达到设定值时，就会将该用户的账户自动锁定并进行记载。

（7）网络端口和结点的安全控制

网络中服务器的端口常用自动回复器、静默调制解调器等安全设施进行保护，并以加密的形式来识别结点的身份。自动回复器主要用于防范假冒合法用户，静默调制解调器用于防范网络入侵者利用自动拨号程序进行网络攻击。还应经常对服务器端和用户端进行安全控制，如通过验证器检测用户真实身份，然后，用户端和服务器再进行相互验证。

（8）防火墙控制

防火墙是指一种将内部网和公众访问网分开的方法，实际上是一种隔离技术。防火墙是在两个网络通信时执行的一种访问控制尺度，它能允许你同意的人和数据进入你的网络，同时将你不同意的人和数据拒之门外，最大限度地阻止网络中的网络入侵者来访问你的网络，防止他们更改、复制、毁坏重要的信息。

3. 数据加密策略

加密的目的是保护网内的数据、文件、口令和控制信息，保护网上传输的数据。加密常用的方法有链路加密、端点加密和结点加密 3 种。链路加密的目的是保护网络结点之间的链路信息安全，端点加密的目的是对源端用户到目的端用户的数据提供保护，结点加密的目的是对源结点到目的结点之间的传输链路提供保护。用户可根据网络情况酌情选择上述加密方式。信息加密过程由各种加密算法来具体实施，它以很小的代价提供很大的安全保护。在多数情况下，信息加密是保证信息机密性的唯一方法。

4. 网络安全管理策略

在网络安全中，除了采用上述技术措施之外，加强网络的安全管理，制定有关的规章制度，对于确保网络安全和可靠地运行将起到十分重要的作用。网络的安全管理策略包括：确定安全管理等级和安全管理范围，制定有关网络操作使用规程和人员出入机房管理制度，以及制定网络系统的维护制度和应急措施等。

思考与练习

1. 总结网站日常管理中可能遇到的问题。
2. 作为网站维护人员，需具备哪些技能？

技 能 实 训

根据前面所学内容制定一套网络安全策略。

第 7 章

电子商务网站的推广

学习目标

1）了解电子商务网站推广的重要性。

2）掌握电子商务网站推广的主要方式。

3）熟悉 SEO 网站优化的主要手段。

4）掌握网站流量的统计与数据分析的使用。

能力目标

能自主制定一套网络推广策略。

Internet 的应用和发展为人们提供了广阔的电子商务市场和商机，但是 Internet 上大大小小的各种网站数以千万计。茫茫网海，如何才能“突围”而出？对于企业而言，成功的关键因素不再仅是建一个好的电子商务网站，更重要的是如何让客户找到你，这就需要借助很多方法和手段来解决网站推广这个重要的问题。

7.1 电子商务网站推广的重要性

1. 网站推广的概念

网站的推广，顾名思义，就是采取一定的策略和手段，让更多的客户知道网站的位置以及网站提供的产品和服务等信息。

2. 网站推广的意义

一个网站开发完成后，并不意味着大功告成。如果没有人访问，该网站也只是形同虚设。网站能否达到预期的目标，除了严谨的网站规划、完善的网站建设及高效的程序开发之外，还有赖于周密的网站推广计划的制订和实施。没有推广的网站就像一座孤岛，而推广就是让孤岛变成旅游胜地。

网站推广的意义主要体现在以下两个方面。

1）可以提高网站的流量，使更多的人可以很轻易地从网络上找到企业网站，并通过企业网站了解企业，如果人们对公司提供的产品或服务感兴趣，就会通过网站上提供的联系方式做更进一步的了解，最终成为企业的客户。

2）可以提高企业的知名度，从而展示企业形象，宣扬企业品牌和产品。所以，做网站推广有利于提高企业的经济效益，而且相对于传统的推广，网站推广更经济，收效更显著。

总之，网站建好了，一定要进行推广，不推广不如不建站。只有行之有效、坚持不懈的推广才能让网站真正带来效益。

3. 制订网站推广计划

网站推广计划至少应包括 3 个方面的基本内容。

1）阶段目标。认清企业网站目前的状况，如日 IP 多少，页面浏览量如何，用户是通过什么关键词访问的，以及网站世界排名等，这些参数虽然并不是绝对的准确，但至少可以对自己的企业网站有个大致的了解。然后就是希望推广之后达到的目标，如 IP 达到多少、排名如何，搜索的收录页面、链接数及注册用户数量等。流量统计系统可采用 51.la 和 CNZZ 等统计软件，定期进行流量统计和分析。

2）推广方式。具体的推广方式将在 7.2 节介绍。

3）效果评价。一段时间的推广和宣传后，要对效果做总结和评价。网站的推广不能盲目进行，需要进行效果跟踪和控制，以便更好地改进方法，达到更好的效果。

7.2 电子商务网站推广的方式

网站的推广方式有很多，下面介绍一下主要的推广方式。

1. 注册到搜索引擎

网站建设好后，首要之事就是立刻让搜索引擎知道有这么一个网站存在，及早在搜索引擎注册并登录。经权威机构调查，全世界 85%以上的 Internet 用户采用搜索引擎来查找信息，而通过其他推广形式访问网站的，不到 15%。这就意味着当今 Internet 上最为经济、实用和高效的网站推广形式就是注册到搜索引擎。

下面以向百度进行网站提交为例，步骤如下。

1）登录入口网址为 http://www.baidu.com/search/url_submit.html，链接提交页面如图 7-1 所示。

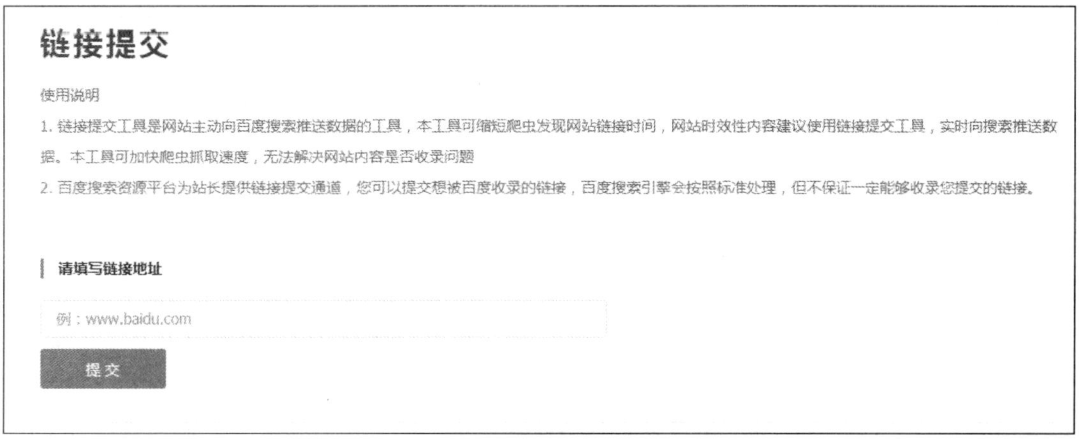

图 7-1　链接提交页面

2）在文本框中输入要注册的网站链接地址，单击“提交”按钮即可。符合相关标准的网址，一般会在 1 个月内按百度搜索引擎收录标准被处理。

注册到其他搜索引擎的方法大致相同。有的搜索引擎如 Google，在网站登录时还需要填写一些其他信息，如关键字或网页描述等。

2. 交换友情链接

交换友情链接是宣传网站的一种较为有效的方法，有些情况下一个友情链接的作用相当于很多论坛外链的作用，可明显地提升网站权重或是关键词排名。友情链接包括文字链接和图像链接。文字链接一般就是公司的名称，图像链接包括 logo 链接和 Banner 链接。

logo 和 Banner 的制作和广告条一样，也需要仔细考虑怎样去吸引客户使其单击。如果允许，尽量使用图像链接，将图像做成 GIF 格式或 Flash 动画，将公司的 CI（corporate identity，企业形象识别）体现其中，使客户印象深刻。

通过以下几个方面可以判断友情链接的质量。

1）友情链接页面的 PR 值（网页级别，PR 值越高说明该网页越受欢迎）。一般来说，网站都倾向于链接价值高的其他网站。

2）友情链接网站与自己网站的相关性。这个是搜索引擎非常看重的一点，如果你的网站是一个化妆品网站，而对方网站是一个重型机械的网站，那么效果就不会太好。

3）友情链接页面导出链接的数量。如果对方做了太多的友情链接，效果势必会下降。

4）友情链接页面的内容更新量。如果友情链接页面的内容经常更新，搜索引擎经常来抓取这个页面，那么效果就比较好。如果是一个单独的友情链接页面，基本没有什么内容更新，效果就比较差。

5）看友情链接网站的 Alexa 排名、收录量、外链数等。

3. 专业论坛宣传

Internet 上各种各样的论坛都有，推广时可找一些和公司产品相关并且访问人数比较多、每天发帖量大的专业论坛。只有在这样的论坛留外链，才更有可能被搜索引擎认为是有效的外链。可注册登录并在论坛中输入公司的一些基本信息，如网址、产品等。

论坛留外链也有几种方式，分别是在主帖中留外链、在回复中留外链和在签名中留外链。如果是在主帖中留外链，最好是采用软文的形式，因为直接发广告很容易被论坛坛主删除。若在回复中留外链，一定要回复一些有价值的内容再附上外链，千万不要只回复广告信息，这样也很容易被删除。此外，在签名中留外链也是一种非常好的方式，通常不会被删除。

4. 信息发布推广

将有关的网站推广信息发布在其他潜在用户可能访问的网站上，利用用户在这些网站获取信息的机会实现网站推广的目的，适用于这些信息发布的网站包括在线黄页、分类广告、供求信息平台、行业网站等。信息发布是免费网站推广的常用方法之一，尤其是在 Internet 发展的早期，网上信息量相对较少时，往往通过信息发布的方式即可取得满意的效果。

5. 利用线下、传统媒体或网络广告进行推广

公司印刷品（如信笺、名片、礼品包装）都要印上网址名称，使客户在记住公司名称或个人职位的同时，也能看到网址。

网络广告常见的表现方式是图片广告，如各门户站点主页上部的横幅广告。对于一个电子商务网站，客流的质量和客流的流量一样重要。广告投放要选择的媒体非常有讲究，首先，你要了解潜在客户的类型和习惯，然后在找他们出没频率比较高的网站进行精准的广告投放。

6. 病毒性营销推广

病毒性营销方法并非传播病毒，而是利用用户之间的主动传播，使信息像病毒那样扩散，从而达到推广的目的，病毒性营销方法实质上是在为用户提供有价值的免费服务的同时，附加上一定的推广信息。

7. E-mail 推广

E-mail 推广即以电子邮件为主要的网站推广手段，常用的方法包括电子刊物、会员通信、专业服务商的电子邮件广告等。这种方式是较为经济的推广方式之一。

基于用户许可的 E-mail 营销与滥发电子邮件不同，许可营销比传统的推广方式或未经许可的 E-mail 营销具有明显的优势。例如，可以减少广告对用户的滋扰、增加潜在客户定位的准确度、增强与客户的关系、提高品牌忠诚度等。

8. 竞价排名服务

搜索引擎竞价排名服务可将网站排在搜索结果前列。例如，最为著名的百度竞价排名，特点是按点击付费，推广信息出现在搜索结果中（一般是靠前的位置），如果没有被用户点击，则不收取推广费。

9. 网站联盟式推广

网站联盟通常指网络联盟营销，1996 年起源于亚马逊。亚马逊通过这种新方式，为数以万计的网站提供了额外的收入来源。其本质上来说是一种按效果付费的网络广告形式，即在自己网站上投放广告，当访问者产生一定的行为（如点击广告、下载程序、注册会员、实现购买等）之后，根据这种行为而获得广告主支付的佣金。联盟的宗旨是优势联盟、资源共享、信息互通、共同发展。

7.3　电子商务网站的优化

百度、Google、雅虎等搜索引擎给网站带来的流量是非常明显的，最简单的方法就是在各大搜索引擎进行网站登录。但是要想获得好的排名，就要付一定的费用。收费方式包括固定排名、竞价排名等。

如果不想付费用，但还想获得较好的排名，那么就需要根据各个搜索引擎的特点来优化自己的网站。

7.3.1　SEO 优化技术简介

1. SEO 定义

SEO 是指为了提升网页在搜索引擎的自然搜索结果中（非商业性推广结果）的收录数量及排序位置而做的优化行为，这一行为的目的是从搜索引擎中获得更多的免费流量，以及更好地展现形象。

2. SEO 与 SEM 的关系

SEM（search engine marketing，搜索引擎营销）是指根据客户使用搜索引擎的习惯，在客户通过搜索引擎检索信息时，尽可能地将企业的营销信息显示在突出位置，有效地传递给目标用户，从而引起客户关注，促进客户认知、达成交易的活动。

从概念上来讲，SEO 是 SEM 的一部分。SEO 是基于自然搜索排名的优化，属于免费营销。而 SEM 除了 SEO 之外，还包括了搜索引擎竞价的内容，属于付费营销。人们更多习惯于将 SEM 理解为这种狭义上的付费竞价营销。

从应用上来区分，SEM 与 SEO 的比较见表 7-1，一般而言，对于广告预算充裕、要求回报周期短的企业可以尝试 SEM；对回报周期没有紧急要求，且有相关操作人员的企业可以采取 SEO。

表 7-1　SEM 和 SEO 的比较

分类	SEM	SEO
概念	付费排名靠前	通过满足搜索引擎工作规律排名靠前
优点	见效快，但缺乏稳定性	见效周期长，一般为 1～3 月，稳定
缺点	费用可观	要有专业的操作人员
费用	按点击付费	人员费用

一般而言，企业的 SEM 推广都出现在对应的搜索引擎前面的结果中，带有“推广链接”或“赞助商链接”等字样。但由于搜索引擎的不同其结果又各有差异。

如图 7-2 所示，百度竞价推广出现在搜索结果右侧位置，带有“推广链接”或“广告”等字样。同时，百度竞价推广信息还可能出现在百度贴吧、百度知道栏目的右侧及百度联盟网站上。而带有“百度快照”字样的内容则是自然搜索排名的结果，是免费的。

SEO 是 SEM 成本最低的一种手段，SEM 是网站推广的一种方法。而网站推广又是网络营销的一种方式，是网站运营重要的一部分。当然，我们可以通过很多其他的形式对网站进行推广，但 SEO 是网站推广的一个利器，相对成本最低，效果最持久。

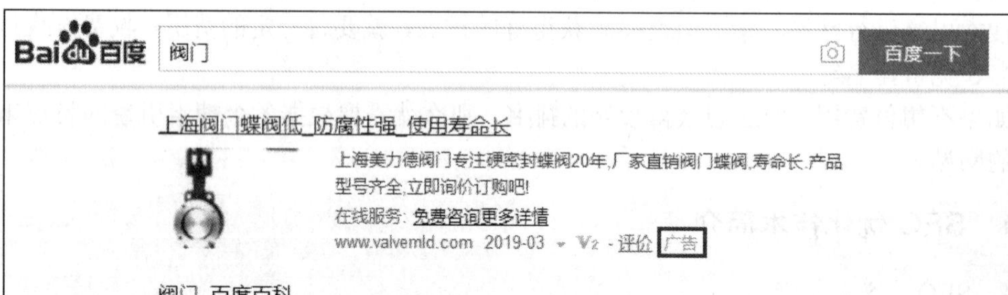

图 7-2　百度竞价推广与自然搜索排名结果

3. SEO 的重要性

站点访问量的第一来源是搜索引擎，搜索引擎是目前为止用户寻找信息、产品、服务的最主要的方式。搜索引擎优化作为网站推广的一种方式，较其他形式的线上或线下营销模式而言是投资回报率最好的。传统的广告形式只是将产品或服务给潜在客户带来一种视觉冲击，搜索引擎却能真正带来买家。因此，搜索引擎优化可以说是目前最好的网站推广方式。所以，当一个企业网站在搜索引擎中表现不好时，就无法让客户快速找到该企业网站，也就意味着客户的流失。

7.3.2　SEO 优化的两个关键因素

影响搜索引擎自然搜索结果排名的因素有很多，如用户搜索词与网页内容的相关性、网页之间的链接权重、关键词的密度及用户的体验等。利用诸多因素的综合分析进行网页排名，每个搜索引擎都有自己的一套算法流程实现，并且这个算法也一直在改进与完善。主流的搜索引擎不再是以链接分析为中心，而是以用户体验为中心。在正常的内容相关性判断和链接分析基础上，网页的用户体验对于搜索排名的影响越来越大。

下面以百度搜索引擎为例，介绍搜索引擎优化的关键因素。

1. 网页质量的 3 个维度

2014 年 8 月，《百度搜索引擎网页质量白皮书》（以下简称《白皮书》）上线，《白皮书》中阐述了网页质量是一个网页满足用户需求能力的衡量，是搜索引擎确定结果排序的重要依据。在网页资源内容与用户需求有相关性的基础上，内容是否完整、页面是否美观、对用户是否友好、来源是否权威专业等因素，共同决定着网页质量的高低。

百度搜索引擎综合用户对不同网页的实际感受，制定了一套评判网页质量的标准，基于这个标准，在百度搜索的收录、排序、展现环境等方面进行调整，给高质量的网页更多的收录、展现机会，同时对一些影响用户体验、欺骗搜索引擎的恶劣低质网页进行打压。

百度搜索引擎在衡量网页质量时，会从以下 3 个维度综合考虑打分。

（1）内容质量

网页主体内容是网页的价值所在，是满足用户需求的前提基础。百度搜索引擎评价网页内容质量时，主要是看其主体内容的好坏，以及主体内容是否可以让用户满意。

不同类型网页的主体内容不同，百度搜索引擎判断不同网页的内容价值时，需要关注的点也有区别，如以下几个方面。

1）首页。导航链接和推荐内容是否清晰、有效。

2）文章页。能否提供清晰完整的内容，图文并茂更佳。

3）商品页。是否提供了完整真实的商品信息和有效的购买入口。

4）问答页。是否提供了有参考价值的答案。

5）下载页。是否提供下载入口，是否有权限限制，资源是否有效。

6）搜索结果页。搜索出来的结果是否与标题相关。

下面看几个网页实际案例。

例 7-1 几个内容质量好的网页

1）专业医疗网站发布的医疗专题页面，如图 7-3 所示。

图 7-3 专业医疗网站发布的医疗专题页面

2）京东的一个有效的商品购买页面，如图 7-4 所示。

图 7-4 京东的一个有效的商品购买页面

3）一个百度知道页面，如图 7-5 所示。

图 7-5　一个百度知道页面

百度搜索引擎认为内容质量好的网页具有以下特点。

1）花费了较多时间和精力编辑，倾注编者的经验和专业知识。

2）内容清晰、完整且丰富。

3）资源有效且优质信息真实。

4）安全无毒。

5）不含任何作弊行为和意图，对用户有较强的正收益。

对这部分网页，百度搜索引擎会提高其展现在用户面前的概率。

（2）浏览体验

不同质量的网页带给用户的浏览体验会有很大差距，一个优质的网页给用户的浏览体验应该是正向的。用户希望看到干净、易阅读的网页，排版混乱、广告过多会影响用户对网页主体内容的获取。在百度搜索引擎网页质量体系中，用户对网页主体内容的获取成本与浏览体验成反比，即获取成本越高，浏览体验越低。面对内容质量相近的网页，浏览体验佳者更容易获得更高的排位，而对于浏览体验差的网页，百度搜索引擎会视情况降低其展现的概率，甚至拒绝收录。

影响用户浏览体验好坏的因素很多，目前百度搜索引擎主要从内容排版、广告影响两方面对网页进行考量。

1）内容排版。用户进入网页第一眼看到的就是内容排版，排版决定了用户对网页的第一印象，也决定了用户对内容获取的成本。

2）广告影响。百度搜索引擎理解网站的生存发展需要资金支持，因此对网页上放置正当广告持支持态度。网页应该以满足用户需求为主旨，最佳状态即“主体内容与广告一起满足用户需求，内容为主，广告为辅”，而不应让广告成为网页主体。

下面通过举例来感受一下百度搜索引擎是如何对网页的浏览体验进行分类的。

例 7-2 几个浏览体验好的网页

1）一个招聘网站页面，如图 7-6 所示。

图 7-6 一个招聘网站页面

分析： 招聘、房产等网站首页也有很多广告，但都是与招聘或房产相关的，因此，浏览体验是没有问题的。

2）一个商业资讯网站的文章页，如图 7-7 所示。

图 7-7 一个商业资讯网站的文章页

分析：案例中的文章页面布局合理，无广告，排版好，结构合理。用户需要的内容占据网页最重要的位置，广告不抢占主体内容位置，不阻碍用户对主要内容的获取，用户浏览体验是良好的。

相反地，有些网站页面布局和广告放置影响了用户对主体内容的获取，提高了用户获取信息的成本，令用户反感。具体包括以下几个方面。

① 正文内容不换行或不分段，用户阅读困难。

② 字体和背景颜色相近，内容辨别困难。

③ 页面布局不合理，网页首屏看不到任何有价值的主体内容。

④ 广告遮挡主体内容，或者在通用分辨率下，首屏都是广告，看不到主体内容。

⑤ 弹窗广告过多。

⑥ 影响阅读的浮动广告过多。

⑦ 单击链接时，出现预期之外的弹窗。

⑧ 广告与内容混淆，不易区分。

（3）可访问性

用户希望快速地从搜索引擎获取到需要的信息，搜索引擎尽可能为用户提供能一次性直接获取所有信息的网页结果。对于不能直接获取到主体内容的网页，对用户是不友好的，搜索引擎会视情况调整其展现概率。

百度搜索引擎会从正常打开、权限限制、有效性 3 个方面判断网页的可访问性，对于可以正常访问的网页，可以参与正常排序；对于有权限限制的网页，再通过其他维度对其进行观察；对于失效网页，会降权其展现机制，甚至从数据库中删除。

2. 网页差异化

搜索引擎喜欢什么样的内容呢？

下面是 Google 对网站内容的说明。

向访问者提供他们要查找的信息，在网页上提供高品质的内容，尤其是主页。如果你的网页包含有用的信息，其内容就可以吸引许多访问者，并使网站管理员乐于链接到你的网站。要创建实用且信息丰富的网站，网页文字应清晰、准确地表述要传达的主题。想一想，用户会使用哪些字词来查找你的网页，然后尽量在网站上使用这些字词。

下面是百度对网站内容的说明。

创造属于你自己的独特内容，百度更喜欢独特的原创内容。所以，如果你的站点内容只是从各处采集复制而成，很可能不会被百度收录。“内容为王”不仅是网站运营人员的金科玉律，同样也是人们对网站进行 SEO 优化的指导思想。网站的发展靠内容来支撑，原创文章也最受搜索引擎欢迎。一个网站随时要有新鲜和充实的内容才会有人来光顾，对搜索引擎而言也是如此。而且，带网址链接的原创文章容易被文章采集器抓取或转载，自然会产生更多优秀的外部链接。

网站内容差异化的本质就是在满足用户需求的前提下突出自己的个性服务。那么如何满足用户需求呢？要做到内容差异化就必须足够了解用户需求，了解同行的网站，做到“人无我有，人有我优”。

因为各行各业的用户需求是不一样的，不可能有一劳永逸、以不变应万变的方法。例如，通过数据分析了解到，消费者对产品价格和质量服务有需求，而同行没有满足，如果我们的网站在产品页中详细给出了价格表和质量服务，那么这个页面就是一个差异化产品页。虽然这是小小的改变，但却很巧妙地避免了产生同质化的页面，而且满足了用户需求。

因此，要实现网页的差异化，可以从以下 3 个方面考虑。

1）要非常清楚地了解网站的优劣势。了解网站的优劣势在哪里，找到竞争对手现有的劣势，把竞争对手的劣势变成自己的优势，并进行放大。

2）做到网站内容表现形式的差异化。有的产品，由于行业自身特点，已经很难再从内容本身挖掘出新的东西。这时就需要我们转变思维，将思路继续延伸，如可不可以对产品使用的感受做出一些公正的评论呢？可不可以用一个视频对这个产品的具体使用方法做出详细的介绍呢？

3）做到网站版面的差异化。网站版面的差异化主要是指网站模板的差异化。很多企业采用模板建站，如果采用了相同的模板，就好比所有人穿了相同的衣服，如全校同学都穿校服上学，而你却穿着自己的衣服，那么无论你的衣服好不好看，无论你走到哪里，都能吸引眼球。

7.3.3 关键词优化

1. 关键词的概论

关键词就是一个网站设定的以方便用户通过搜索引擎能搜索到本网站的词汇。关键词优化是网站 SEO 必不可缺的环节，在网页标题、网页摘要描述、网页内容正文中都应包含关键词，并且保持一定的比例，即所谓的“关键词相关性及关键词密度”。

一般来讲，关键词可分为核心关键词、次级关键词和一些长尾关键词。网站优化如果能综合考虑核心关键词、次级关键词和一些长尾关键词的运用，则会得到很好的优化效果。

（1）核心关键词

核心关键词指经过关键词分析确定下来的网站“主打”关键词，通俗地讲是指网站产品和服务的目标客户可能用来搜索的关键词。核心关键词具有以下特征。

1）核心关键词一般作为网站首页的标题。

2）核心关键词一般是由 2～4 个字构成的一个词或词组，名词居多。

3）核心关键词在搜索引擎每日都有一定数目的稳定搜索量。

4）搜索核心关键词的用户往往对网站的产品和服务有需求，或者对网站的内容感兴趣。

5）网站的主要内容围绕目标关键词。

（2）次级关键词

如果把核心关键词比作树干，那么次级关键词就是从树干衍生出来的树枝，分支出来相对处在第二级的关键词往往对应着网站的各级栏目。

（3）长尾关键词

长尾关键词可以比作树叶，数量更多，分类更细。长尾关键词是目标关键词的延伸，其特征是比较长，往往由 2～3 个词组成，甚至是短语，存在于内容页面。虽然长尾关键词的搜索量非常少，并且不稳定，但是，长尾关键词带来的客户转化为网站产品客户的概率比目标关键词高很多。且由于网站上可设置大量长尾关键词，对于大中型网站，由长尾关键词带来的总流量还是非常大的。因此，根据用户搜索习惯，挖掘更多数量的长尾关键词是网站优化工作的重要组成部分。

注意：长尾关键词的属性是可延伸、针对性强、范围广。

2. 关键词的来源

一般，关键词来自用户的需求。用户购买一类产品，在不同阶段会搜索不同查询需求的关键词。

（1）认知需求

当一个行业还没有知名的品牌时，用户会有认知需求。他们会去搜索一些这个行业最基础的问题。以阀门行业为例，搜索的关键词如下。

1）阀门什么牌子好？

2）阀门排行榜 10 强。

（2）对比需求

当用户知道有了某个品牌的阀门时，用户其实仍然不会进行购买，因为这个毕竟是刚刚听说的品牌，需要进一步了解。这个时候，用户的搜索需求就升级为对比需求了。这时，用户会搜索的关键词如下。

1）××品牌的阀门好不好？

2）××品牌的阀门安全吗？

3）××品牌的阀门是哪里产的？

4）××品牌的官方网站。

（3）购买需求

当用户搜索完一遍对比需求的关键词，基本上就坚定了购买产品的信心了。这时用户的搜索就会再次升级，成为购买需求。这时，用户会搜索的关键词如下。

1）××品牌的阀门哪里有卖？

2）××品牌的阀门多少钱？

3）××品牌的官方网站。

这时只需要提前把官方网站做好，占据好这些关键词的流量入口就可以了。

（4）服务需求

这个往往是很多人忽略的环节，总觉得用户购买完了，交易就结束了。其实，用户买了产品之后，往往还会有很多不明白的地方，这时他还是会上网搜索。如果用户在搜索这些需求时，看不到我们的品牌，那么品牌影响力会大打折扣。

用户搜索需求升级为服务需求之后，这时，会搜索的关键词如下。

1）阀门联锁是怎么回事？

2）阀门关不紧怎么办？

这些关键词，如果可以用官方网站的内页来做出排名，就会让用户觉得很贴心，从而更加信任这个品牌和企业。从以上 4 种用户需求也可以看出，用户的搜索词并不局限于我们容易想到的热门关键词，用户的搜索词是多种多样的，有的短一些，有的长一些，甚至有的是一句话。

3. 关键词的选取

选取一个合理的关键词，掌握正确的优化技巧，不仅影响网站的流量，同时也关系到整个优化过程的效率。

1）要对企业网站类型进行行业定位，选择客户常用的关键词。

因为客户是关键词的使用者，所以，一定要站在客户的角度去考虑关键词，这是做好关键词选择的第一步。例如，作为农贸商，可能选用关键词“番茄”，而客户用得更多的反而是“西红柿”。错误的关键词不仅浪费人力、时间，更重要的是会让企业失去很多潜在客户。

2）确定网站所属行业后，细分关键词的作用，寻找有效流量。

排名和流量不是目的，有效流量的转化才是目的。假设某地中小学英语培训机构对外提供中小学英语服务，将核心关键词定为“中小学英语”，一般来说并不是好的选择。因为搜索“中小学英语”的用户动机和目的是什么很难判定。用户有可能是在寻找中小学英语培训服务，但也可能是在寻找中小学英语资料，这样的用户来到提供中小学英语培训服务的网站就没有什么机会转化为付费客户。如果把核心关键词定为“××中小学英语培训”，则购买意向或说商业价值更高，几乎可以肯定搜索此类关键词的用户是在寻找特定区域网络营销服务。

对于生产工业品的企业而言也是如此。不同的关键词有不同的商业价值，也会导致不同的转化率。例如，搜索“涡街流量计原理”的用户购买意图比较低，而搜索“涡街流量计价格”或“涡街流量计报价”的用户的购买意图则比较高，已经进入产品比较选择阶段。那些购买意图强烈、商业价值高的关键词是优化时最先考虑的因素，无论内容规划，还是内部链接安排，都要予以重视。

3）利用网络工具筛选，选择竞争相对较小、搜索次数相对较多的关键词。

关键词竞争是否激烈可从热点趋势中看出来，一般每日搜索超过 3000 的词语就可理解为热门关键词。热门关键词的特点是流量大，同类竞争网站多，优化的难度相对较大。

如何查看哪些页面标题中出现了关键词呢？方法可采用 intitle 指令，如图 7-8 所示。

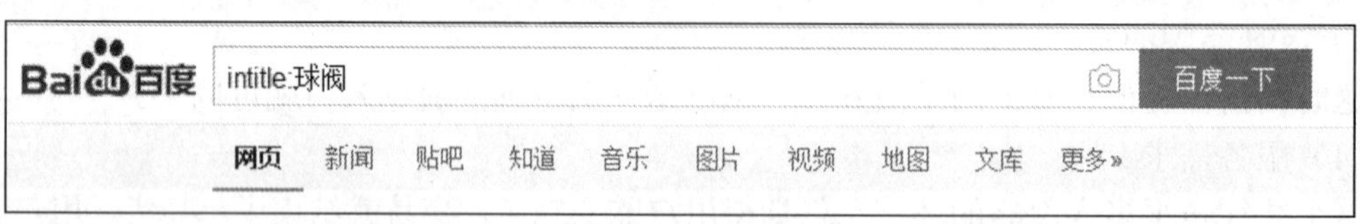

图 7-8 利用 intitle 指令搜索标题中出现关键词的页面

很显然，最好的关键词是搜索次数最多、竞争程度最小的那些词。但是，大部分搜索次数较多的关键词，也是竞争大的词，这时，就需要我们进行大量细致的关键词挖掘、扩展，列出搜索次数及竞争程度数据，找到那些搜索次数相对多但竞争相对小的关键词。

4. 关键词选取工具的应用

利用关键词工具的推荐，挖掘相关关键词，能发现很多自己可能完全不会去搜索，但却实实在在有用户在搜索的词。把这些有共通性或明显趋势的词融入官网上，是发现新机会、拓展内容来源的好方式。

（1）百度相关搜索

在百度搜索框中输入关键词“流量计”，下面就会有相关关键词出现，如图 7-9 所示。同时，在搜索结果的最下面也有相关搜索结果出现，如图 7-10 所示，这和上面提示的下拉列表的关键词有一部分是一致的。

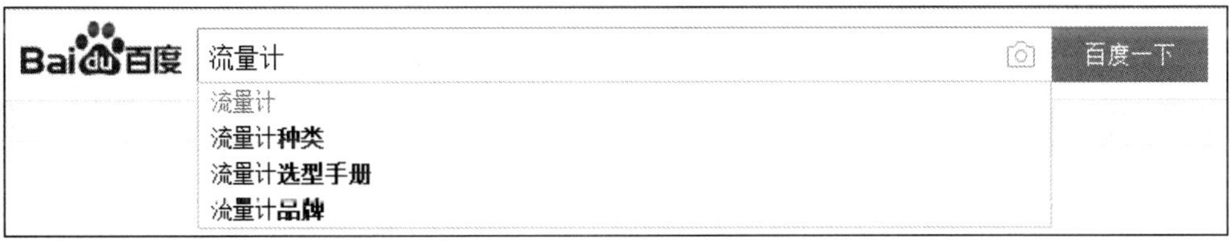

图 7-9　百度相关关键词

能够出现在这些地方的关键词，用户对其的搜索量是比较大的，都是一些核心关键词扩展出来的长尾关键词，企业可以有针对性地选择更为精准的关键词，不但竞争性小，而且针对性会更强，也更符合用户的搜索习惯。

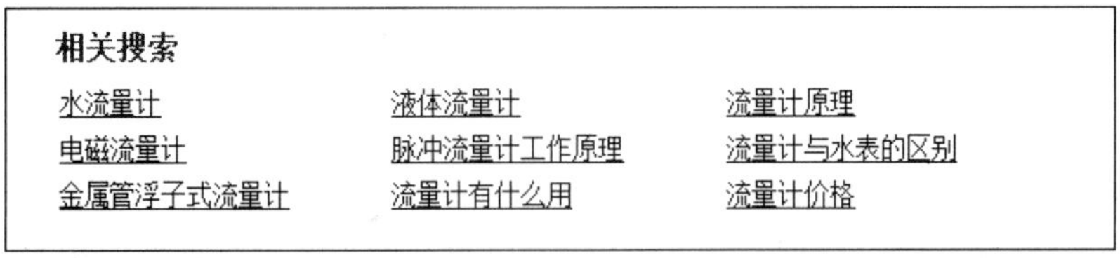

图 7-10　百度相关搜索

（2）使用百度指数

百度指数是百度工具之一，用来反映关键词在过去 30 天内的网络曝光率及用户关注度，是以百度网页搜索和百度新闻搜索为基础的免费海量数据分析服务，能直接、客观地反映社会热点、网民的兴趣和需求。如果某一关键词有百度指数，就说明该关键词在百度上有一定的搜索量，同样，指数越高说明搜索量越大。如果根本就没有显示指数，就说明该关键词的搜索量过小。

在百度地址栏中输入 http://index.baidu.com/，打开百度指数页面，然后在其中搜索“阀门”，则可以看到“阀门”关键词指数平均在 500 以上，如图 7-11 所示，可认为是热门关键词。

（3）其他关键词工具

如果企业主要是面向 Google 搜索引擎的优化，可以尝试使用 Google 关键词工具搜索，其他关键词工具还有百度搜索风云榜（http://top.baidu.com/）和搜狗指数（http://zhishu.sogou.com/）等，也可用来分析关键词。

此外，还可以使用专门的关键词挖掘工具软件，如金花 SEO 关键词工具、飞鲁达关键词工具。关键词的选取需要很多策略和技巧，通常在确定产品核心关键词之后，还要利用关键词推荐工具，结合产品的功能、质地、地域、型号、品牌等属性词进行扩展与组合。这样得到的关键词数量少则几十，多则成百上千，这时，就要站在客户的角度来精挑细选了。

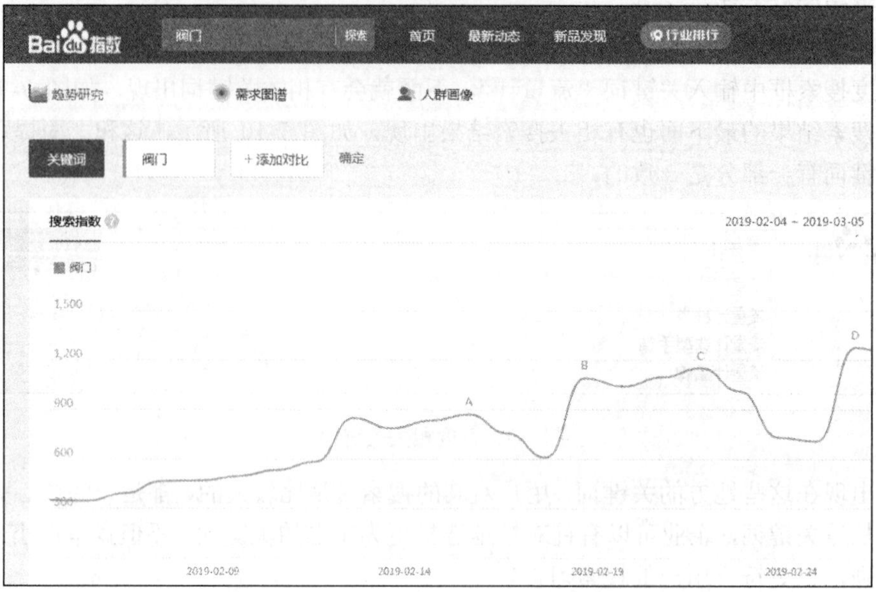

图 7-11 “阀门”的用户关注度趋势

5. 关键词分配

（1）关键词在不同页面的分配

经过核心关键词的确定、扩展与筛选，应该可以得到数十个甚至更多的相关关键词列表。显然，这些关键词不能都放在企业官网的首页上，而是要进行合理的分类，然后将这些关键词安排到不同的页面。一个比较合理的整站关键词布局类似于金字塔形式。

首页：核心关键词，通常只有两三个。

一级栏目或频道页：次一级关键词，意义最相关的两三个关键词放在一起，成为一个二级类的目标关键词。

内容页：分布长尾关键词，放在具体产品（文章、新闻）页面。最好是每个内容页分布一个长尾关键词。

（2）页面内部标题、关键词、内容标签的写法

1）首页。

标题：首页的标题写法比较简单，一般的格式是“网站标题—网站关键词”，这里的关键词不要加太多，和关键词中加的一样多最佳，首页关键词是整个网站的核心关键词。

关键词：首页的关键词中加入网站名称、两个比较重要的核心关键词。

内容标签：就是将首页的标题、关键词和一些特殊栏目的内容融合到里面，写成简单的介绍形式，不要只写关键词，因为这个是搜索引擎收录首页后显示出来的简介，描述不要超过 100 个字，关键词排名越靠前越好。

2）栏目页。

标题：一般在栏目页，标题的写法有两种，如果你的栏目页按照上面的建议用关键词名

称命名，可以是“栏目名称—网站名称”，但如果你不是按照上面的建议用关键词命名，标题就要换种写法了，即“栏目名称栏目关键词—网站名称”，这样可以帮助你的栏目获得排名。

关键词：栏目的关键词可以将其栏目下所有分类列表的名称列出，加上栏目关键词，一般写法是“栏目名称，栏目关键词，栏目分类列表名称”，这样可以帮助搜索引擎更好地分辨这个页面，从而使你的网站在同类网站的权重中取得一些优势。

内容标签：将栏目的标题、关键词、分类列表名称尽量地写入内容标签中，但切忌只写关键词，建议尽量写成介绍形式。

（3）分类列表页

标题：只需要用关键词为这个栏目命名，然后按照“分类列表页名称—栏目名称—网站名称”的顺序填写即可。

关键词：将栏目中的主要关键词写入，不要写太多，3～4 个词最佳。

内容标签：只需要把分类列表的标题、关键词包含在里面，写成通顺的介绍即可。

1）内容页。

标题：内容页的标题写法相对简单，一般有 3 种写法。

① 标题加网站名称，格式为“内容标题—网站名称”。

② 标题加栏目名称，格式为“内容标题—栏目名称”。这里如果是加栏目名称，一般栏目名称中是包含关键词和网站名的，如网易的资讯内页中包含的就是内容标题—网易新闻中心。

③ 标题加栏目名称加网站名称，这种标题相对复杂化，但也是最规范的写法，它能起到给访问者友好提示的作用，告诉访问者这是哪些内容、在哪个网站的哪个栏目下，一般写法是“内容标题—栏目名称—网站名称”。

关键词：仔细总结所发布的文章中的重要内容，在其中提取关键词，这些关键词建议是选一些重要的内容写入，也可以提取文章中出现的比较多的词来作为关键词，这里的关键词填写仍然是 3～4 个最佳。

内容标签：在内容页中的内容标签有两种写法。

① 标准写法，如同前面的一样，将文章标题、文章中的重要内容和关键词全部提取出来写一个对这个内容页的简单介绍。

② 将文章第一段的内容复制到内容标签中，不过第一段内容也要做一定的模板化编写。

以上内容就是对标准网站的标题、关键词、内容标签写法的一些建议，要注意的是标签中的关键词并不在多，而在于精，把一大堆不相关的关键词全都罗列出来极易被搜索引擎惩罚。

2）关键词的分布。

① 关键词应该出现在网页标题标签中，即<title>。

② 在网页导出链接的链接文字中包含关键词。

③ 用粗体显示关键词（至少做一次）。

④ 在标签中提及该关键词（关于如何运用 head 标签有过争论，但一致认为 h1 标签比 h2、h3、h4 标签的影响效果更好）。

⑤ 图像 ALT 标签可以放入关键词。

⑥ 文章正文中要包含关键词，并且最好是在第一段第一句话就放入。

⑦ 在<meta>标签中放入关键词。

7.3.4 网站内链与外链的优化

良好的内链策略与外链策略能推动网站的排名。在搜索引擎面前，一个链接就代表一张投票，外部链接就是网站之间的互相投票，而内部链接则代表了网站内各页面的互相投票。

通过大量而适度的内部链接来支持某一个具体页面，有助于该内容页主题的集中，促使搜索引擎识别出哪些页面在你的网站中是重要的，进而推动该页面的排名。因此在搜索引擎优化的过程中，一般会采取重点突出主要关键词的内部链接，从而使该主题中的核心关键词在搜索引擎中更具有排名优势。

1. 内链的优化

内链，顾名思义就是在同一网站下内页之间的相互链接，也称之为站内链接。合理的网站内链构造，就是使整个网站的脉络通畅，有助于提高搜索引擎对网站的爬行索引效率，能提高搜索引擎的收录、关键词排名与网站权重。相比外链而言，内链可以在自己的站上进行部署，不像外链的不可控性比较大。内链布局需要注意需求、数据分析、文案、锚文本。

（1）网站结构优化

网站结构优化包括网站物理结构优化及网站逻辑结构优化。

1）网站物理结构优化就是将网站内容合理分类，导航清晰。网站物理结构优化要注意的是网站内容不要过于细分，过于细分会导致文件夹增多。

小型企业网站可以考虑扁平的网站结构，扁平的网站结构使分类页和内容页离网站根目录更近。例如：

www.yourlink.com/pageA.html

www.yourlink.com/pageB.html

www.yourlink.com/pageC.html

……

网站中所有的页面都是在根目录这一级别，形成一个扁平的物理结构。这比较适合于小型的网站，因为如果太多文件都放在根目录下，制作和维护起来比较麻烦。但从网站逻辑结构来说，扁平的网站结构无须刻意布局链接即可达到优化效果。

对于大中型企业大型站点，网站可考虑采用树状网站结构。例如：

http://www.yourlink.com/cat1/

http://www.yourlink.com/cat2/

http://www.yourlink,com/cat3/

……

在频道下再放入具体的内容网页：

http://www.yourlink.com/catl/pageA.html

http://www.yourlink.com/catl/pageB.html

http://www.yourlink.com/catl/pageC.html

……

树形结构就是在一级目录下分多个频道或目录，然后目录下面再放上属于这个频道的页面。首页、频道首页、频道下的内容就好比树干、树枝、树叶的关系。

2）网站结构的优化主要是逻辑结构优化。网站逻辑结构优化是指将网站链接指向优化，一般来讲，为方便搜索引擎的收录，网站链接要具有以下特点。

① 首页的链接指向频道或分类页。

② 首页一般不直接链向内容页，除非想推广这些内容页。

③ 频道或分类页链向其他频道或分类页。

④ 频道或分类页链回首页。

⑤ 频道或分类页链向属于自己的内容页，但不链向其他频道或分类的内容页。

⑥ 所有内容页都链回自己的频道或分类页。

⑦ 所有内容页都链向网站首页。

（2）内链布局

除了各类网页主体内容部分自然的内链外，还可以在主体内容的周围及主体内容中布局内链。例如，文章左右及下方的相关文章和推荐文章，文章内部的锚文本链接等。

文章底部的相关文章不建议做太多太杂，4 篇最好，8 篇为上限。推荐的文章要根据关键词匹配原则。例如，《长尾关键词怎么做》一文的相关文章肯定是有关长尾关键词的；也可以按照用户的阅读前后次序推荐，如《一只羊一年挣多少钱》一文的推荐文章可以是一只羊一年需要多少成本，看了利润的人可能会对成本比较感兴趣。

推荐浏览过此产品的人浏览过的文章，如技术问答、价格信息等，引导用户浏览，从而节省用户时间，形成交易。这样做链接推荐的优点是可以降低跳出率，相互的链接网页还可以提升内页的权重，推荐时最好根据重要性排序。

（3）网站地图

网站地图，又称站点地图，它是指在一个页面上面放置了网站上需要搜索引擎抓取的所有页面的链接，搜索引擎蜘蛛非常喜欢网站地图。想要让搜索引擎蜘蛛在网站停留更多的时间，就要让站点变得更有吸引力。这时就需要建一份网站地图，有了地图，搜索引擎蜘蛛就可以在网站多停留些时间，从而提高网站的收录量。

2. 外链的建设

在学术界，一篇论文被引用得越多，说明其质量越好，学术价值就越高。类似地，超链分析技术就是通过分析链接网站的多少来评价被链接网站的质量，这保证了用户在使用搜索引擎搜索时，越受用户欢迎的内容排名越靠前。因此，获得大量高质量的外链（也称导入链接）对网站排名至关重要。网站即使没有向搜索引擎提交，但由于其他重要网站上有你的网站链接，一样可以获得搜索引擎的快速抓取，并为取得好排名加分。

是不是外链越多就一定越好呢？当然不是，上百个质量低劣或内容毫不相干的外链可能抵不上一个高质量内容相关的站点的链接。那么，如何判断一个指向自己站点网页的链接是否有价值呢？一般来说，影响链接的因素有网页级别、信息更新的频率和内容的相关性。高质量的外链主要包括以下几点。

1）搜索引擎目录中的链接。

2）主题相关或互补的网站。

3）PR 值不低于 4 的网站。

4）流量大、知名度高、频繁更新的重要网站，具有很少导出链接的网站。

5）以你的关键词在搜索结果中排名前 3 页的网站。

6）内容质量高的网站。

把以上外链的原理弄清楚以后，就可以尝试为企业网站做外链了。常用的方法包括以下几种。

（1）主动寻找内容相关的网站做友情链接

在一些网站下方经常可以看到“友情链接”列表，罗列着各种网站的 logo 或文字名称，这就是常见的网站交换链接。通常是资源优势互补的网站之间的一种合作形式，即分别在自己的网站上放置对方网站的 logo 图片或文字的网站名称，并设置对方网站的超链接，使用户可以从合作网站中发现自己的网站，达到互相推广的目的。

选择网站做友情链接的标准一般是内容相关、百度收录数量及 PR 值相当。如图 7-12 所示为某企业网站的友情链接。

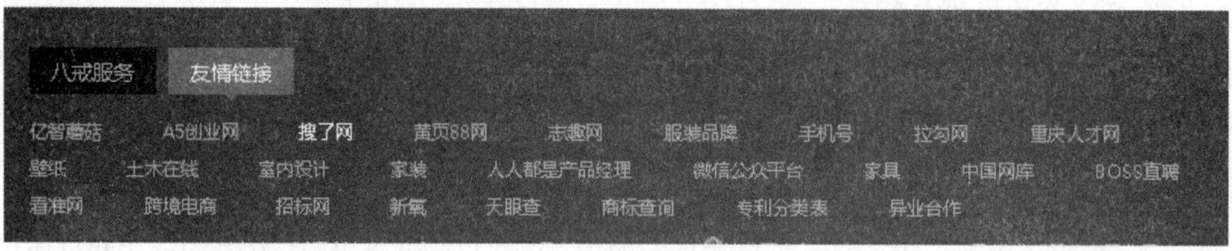

图 7-12　某企业网站的友情链接

（2）利用博客添加友情链接

很多博客平台如新浪博客，可以通过自定义列表模块来实现，操作简单，如图 7-13 所示。

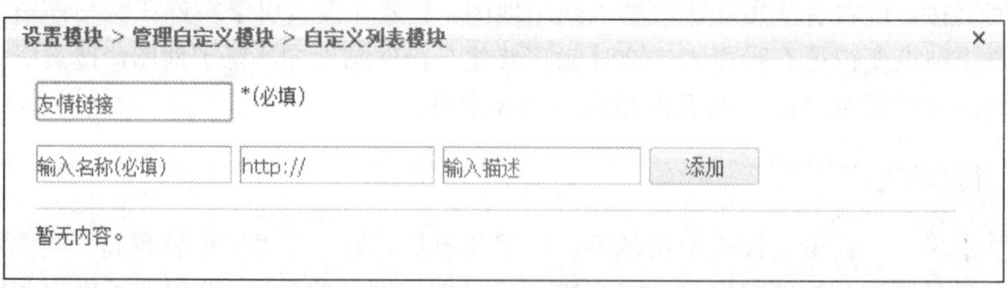

图 7-13　新浪博客自定义列表添加友情链接

博文或日志文章内也可通过发软文的方式加入外链，软文的基本要求是内容原创，与企业业务相关但不直接做广告，而是以吸引网民的形式来体现企业文化、企业理念等。

（3）论坛发贴、网站留言

可发外链的论坛具体可分为两种。

1）可设置带外链的个性签名，正文内可发带外链的文本，如图 7-14 所示。

2）不可设置带外链的个性签名，但正文内可发带外链的文本，如图 7-15 所示。

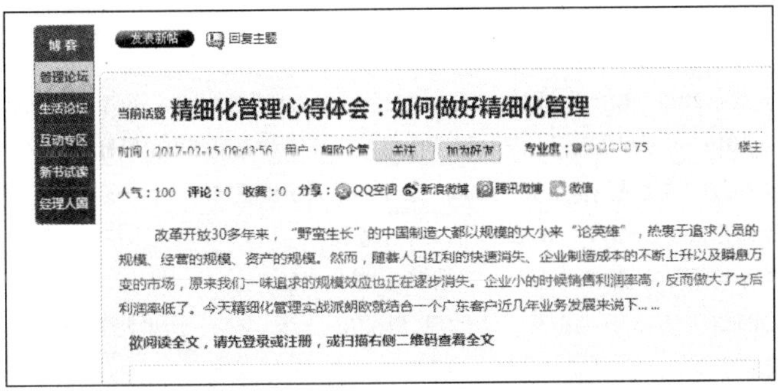

图 7-14　论坛帖子正文内发外链

图 7-15　论坛签名发外链

由于不是所有的论坛都可以发外链，因此，寻找那些可发外链的论坛就比较重要。最好的方法就是观察做得好的竞争对手，通过站长工具分析竞争对手的网站由哪些论坛外链构成，然后在该论坛注册账号、发外链。

（4）百科类网站、文库类网站、问答类网站中留外链

当然，要注意链接到的网站与词汇在内容上相关，回答的问题也一定要本着为用户解决问题的态度认真回答，并在问题中合适的地方留下链接。

（5）发布软文获得外链

高质量软文需要一些精力和关系。当你发一篇软文到门户的频道（文章中带有链接），那么比发 10 篇论坛外链强得多。如果文章比较好，很多人会帮你转发，可以获得一个很好的推广效果。

思考与练习

1．电子商务网站推广的方式有哪些？各自有什么特点？

2．新建一个电子商务网站，按照前面所学内容对其进行优化。

技 能 实 训

制定一套网络推广策略。

参考文献

蔡元萍，逯柳，2019. 电子商务网站建设与管理[M]. 4 版. 大连：东北财经大学出版社.

陈孟建，刘晓刚，陈奕婷，等，2013. 电子商务网站建设与维护：项目教程[M]. 北京：电子工业出版社.

邓凯，唐勇，秦云霞，等，2019. 电子商务网站建设与网页设计[M]. 北京：人民邮电出版社.

范生万，王敏，2015. 电子商务网站建设与管理[M]. 上海：华东师范大学出版社.

李洪心，刘继山，2016. 网站建设与管理[M]. 重庆：重庆大学出版社.

李建忠，2015. 电子商务网站建设与管理[M]. 2 版. 北京：清华大学出版社.

李晓斌，2019. PHP+MySQL+Dreamweaver 动态网站建设全程揭秘[M]. 2 版. 北京：清华大学出版社.

卢金钟，雅玲，2017. 电子商务概论[M]. 北京：清华大学出版社.

宋文官，2017. 电子商务概论[M]. 北京：清华大学出版社.

邢彩霞，高艳云，2016. Dreamweaver CS6 网页设计与制作案例教程[M]. 3 版. 北京：电子工业出版社.

薛万欣，薛晓霞，2011. 电子商务网站建设与管理[M]. 北京：高等教育出版社.

杨建勋，2017. 电子商务网站建设与维护[M]. 2 版. 北京：中国劳动社会保障出版社.

张成武，2017. 电子商务基础与实务[M]. 北京：清华大学出版社.

赵礼强，荆浩，马佳，等，2019. 电子商务理论与实务[M]. 2 版. 北京：清华大学出版社.